Excellent Leadership

# 卓越领导力

王玉堂◎著

中共中央党校出版社

**图书在版编目（CIP）数据**

卓越领导力 / 王玉堂著 . -- 北京：中共中央党校出版社，2019. 4

ISBN 978-7-5035-6515-1

Ⅰ. ①卓… Ⅱ. ①王… Ⅲ. ①领导学 – 通俗读物 Ⅳ. ① C933-49

中国版本图书馆 CIP 数据核字（2019）第 022907 号

**卓越领导力**

**策划统筹** 井 琪
**责任编辑** 李 云 王玉兰
**版式设计** 苏彩红
**责任印制** 陈梦楠
**责任校对** 李素英
**出版发行** 中共中央党校出版社
**地　　址** 北京市海淀区长春桥路 6 号
**电　　话** （010）68929580（办公室）　（010）68929899（发行部）
（010）68922815（总编室）　（010）68929342（网络销售）
**传　　真** （010）68922814
**经　　销** 全国新华书店
**印　　刷** 三河市金轩印务有限公司
**开　　本** 880 毫米 ×1230 毫米 1/32
**字　　数** 192 千字
**印　　张** 8.625
**版　　次** 2019 年 4 月第 1 版　2019 年 4 月第 1 次印刷
**定　　价** 28.00 元

**网　　址：** www.dxcbs. net　**邮　　箱：** zydxcbs2018@163.com
**微　信 ID：** 中共中央党校出版社　**新浪微博：** @ 党校出版社

# 序　言

冯秋婷

2019年新春伊始，我收到了一份特殊礼物——一位党校系统同仁王玉堂先生寄来的书稿《卓越领导力》。美好的时节，美好的相遇，有幸抢先领略一本充满春的气息的好书的芳容，甚是欢喜。

清晰记得，与玉堂先生相识，是在中国领导科学研究会主办的一次理论研讨会上，至今已有四五年时间。对玉堂先生的印象，大致经历了三个层次：初见他时，是典型的山东人的气质，朴实、忠厚，一副“好汉”形象；再次见面，感到博学、慎思，骨子里流露着“学者”气息；多次接触下来，恰如一句当下流行语所言“确认过眼神”，的确是睿智、高远，实乃“大家”风范。

领导力，一个永恒的课题，一张新时代亟须做好的“答卷”。长期以来，玉堂先生紧扣“提升领导力”这一主题，立足实践、挖掘历史、把握当代，深入开展理论研究，推出了一大批思想精品和理论力作，丰富了领导力研究成果，在领导科学特别是领导力研究领域颇具影响力，堪称领导科学界的一道风景、一张名片，《卓越领导力》一书便是其长期治学思想和学术成果的结晶。

《卓越领导力》高举习近平新时代中国特色社会主义思想伟大旗帜，处处与其对标对表，将其落实落地，坚持正确政治方向、价值取向、学术导向，唱响主旋律，传递正能量。全书三章，分别为卓越领导者“画像”、卓越领导力“绘图”、卓越领导术“塑型”，其中既有价值观，又有方法论，既有理论阐述，又有实践解读。在我看来，《卓越领导力》是新时代领导力提升的思维导图。

概览《卓越领导力》，其显著特点至少有三：其一，“理论气息浓厚”。本书善于运用马克思主义唯物史观来观察和研究问题，立足本国，放眼世界，既兼收并蓄，又不崇洋媚外；既立足实际，又不“只见树木、不见森林”。玉堂先生作为“党校人”，始终将马克思主义视为“看家本领”，既学精悟透，又力行致用，关于领导力研究亦如此，致力于推动中国特色领导力建设，让本书散发着理论的光芒。其二，“文化味道十足”。本书善于汲取古代治国理政智慧关照当代实践。在漫长的历史进程中，中华民族创造了独树一帜的灿烂文化，积累了丰富的治国理政经验。玉堂先生深谙此道，潜心学习优秀传统文化，既广泛涉猎，又术业专攻，他对中国传统治国理政智慧的科学汲取并进行创造性转化和创新性发展，让本书浸润着文化的味道。其三，“实践特色鲜明”。领导力研究的最大特点是实践性极强，毫不夸张地说，离开了实践，领导力无从谈起、谈之枉然。玉堂先生基层领导经验丰富，他把领导力研究与基层治理、干部管理有机结合起来，按照理论性实践性相统一的要求，将理论问题进行实践剖析，把实践问题进行理论升华，让本书彰显着实践的特色。

中国特色社会主义进入新时代，全面深化改革步入“深水区”，新时代“三大战役”正在攻坚克难阶段，建设社会主义现代化强国还会面临更多可预见的不可预见的困难、风险的考验，没有强大的领导力引领，将难以交出新时代的答卷。新时代，深化领导力研究、加强领导力建设，显得尤为重要而紧迫。

翻开《卓越领导力》，或许会给你带来些许启迪，相信定会开卷有益，春暖花开。

是为序。

［冯秋婷系中共中央党校（国家行政学院）教授、博士生导师，原中共中央党校副秘书长、中国领导科学研究会会长］

# 目　录

## 第一章　成为卓越领导者

## 第二章 培养卓越领导力

## 第三章　修炼卓越领导术

# 第一章

# 成为卓越领导者

## 领导意味着什么？

领导意味着责任，意味着付出，意味着奉献；当领导就是要让别人比自己舒服，比自己得到的更多、进步得更快。

## 伟大出自平凡

平凡乃生活的本色，世间每一个人、每一件事都是平凡的。然而，当无数个“平凡”累积在一起的时候，平凡就会变得非凡。非凡意味着超越，意味着伟大，意味着卓尔不群！

战国时期的思想家墨子说过：“志不强者智不达。”（《墨子·修身》）从渺小到伟大，从平凡到卓越，往往只有两个字的距离，这就是“坚持”。完美在坚持中呈现，辉煌在坚持中铸就，人生在坚持中升华。任何伟大的事业，都是在平凡中坚持的结果；任何伟大的人物，都是从平凡的人群中走来，古今中外，概莫能外。古希腊哲学家苏格拉底有一次在给他的学生讲课时说：“从今天开始，我们只做一件最简单也是最容易的事。每人尽量把胳膊往前甩，然后再尽量往后甩，每天甩 300 下。”苏格拉底说着示范了一遍。然后问：“大家能做到吗？”学生们都笑了，这么简单的事有什么做不到的呢？过了一个月，苏格拉底问：“有哪些人坚持下来了？”有九成的学生骄傲地举起了手。又过了一个月，苏格拉底又问了同样的问题。这回，有八成的学生举起了手。一年过后，苏格拉底再一次让大家回答这个问题，结果只有一个人举起了手。他，就是后来的另一位大哲学家柏拉图！小故事蕴含着大道理。真正的伟大，真正的伟人，真正的伟业，其实都是从认真、扎实地做好每一件不起眼的小事开始的。他们在日复一日的重复中不忘初心，在年复一年的追求中牢记使命，在时代的风口浪尖上砥砺前行，最终实现了自己的梦想。

“道虽迩，不行不至；事虽小，不为不成。”（荀子：《荀子·修身》）中国特色社会主义新时代是奋斗者的时代，将非凡的精神融入实践，将非凡的热情付诸行动，“不受虚言，不听浮术，不采华名，不兴伪事”（荀悦：《申鉴·俗嫌》），就一定能够创造出无愧于时代的历史伟业。

# 要么读书，要么庸俗

要么读书，要么庸俗。一个人从庸俗到卓越，往往只有一本书的距离。

读书改变人生，奋斗成就梦想。

“读书破万卷，下笔如有神。”好文章是写出来的，更是读书读出来的。

要幸福就要奋斗，要成功就要读书。

读书不在于一时的努力，而在于一生的坚持。

读书积累智慧，读书也需要智慧。

把书读薄，才能把思想作厚。

读书的厚度决定人生的高度。

这病那病，其实都是心病；这不好那不好，其实都是心态不好。读书不仅可以学知识、长见识，而且可以治心病、正心态。

读书的收获有两种：知识和智慧。知识是直接收获，智慧是知识转化的成果。

读书是超越时空的精神之旅；读透一本书，胜过行走万里路。

提高才气靠读书。天道酬勤，功不唐捐。人因读书而完美。

读书人的气质是学不来的。

读书贵在读出思想、读出智慧、读出修养。

# 优秀的领导者是“学”出来的

好学才能上进，好学才有本领。身处瞬息万变的现代社会，不加强学习，就不能突破自身的能力局限和知识局限，很快就会被甩在时代后面。作为领导者，要跟上时代潮流和世界前进的步伐，需要不断地加强学习；要适应新的工作岗位和环境，需要不断地加强学习；要提高工作能力和水平，同样需要不断地加强学习。因此，对领导者来讲，学习不仅是一种觉悟、一种修养、一种境界，更是一种政治追求；不仅是个人行为，更是一种社会行为、组织行为；不仅是自己生存和发展的需要，更是一种历史重任和社会责任。要始终把学习作为一种理念融入思想、一种动力融入工作、一种追求融入人生。一是认真学习马克思列宁主义、毛泽东思想、邓小平理论、“三个代表”重要思想、科学发展观、习近平新时代中国特色社会主义思想，认真学习党章党规，努力掌握贯穿其中的马克思主义基本立场观点方法，不断提高马克思主义思想觉悟和理论水平，进一步坚定“四个自信”，增强“四个意识”，做到“四个服从”，更加自觉地维护以习近平同志为核心的党中央权威和集中统一领导。这是我们做好一切工作的根本保证。二是认真学习党的路线方针政策和国家法律法规，这是领导者开展工作要做的基本准备，也是很重要的政治素养。三是认真学习经济、科技、金融、法律等方面的基本知识，不断补充新知识，掌握新本领，把握新趋势，与时俱进，始终走在时代前列。四是虚心向基层干部群众学习。要放下架子，拜群众为师，不耻下问，虚心求教，学习他们朴素的感情、扎实的作风、丰富的实践经验、灵活的工作方法和吃苦耐劳的奉献精神，从中汲取营养和力量。

## 学会选择

不要在本该拼搏的时候，选择了安逸；安逸，意味着放弃奋斗。

不要在本该坚定的时候，选择了动摇；动摇，意味着放弃忠诚。

不要在本该冲锋的时候，选择了退缩；退缩，意味着放弃职守。

# 学会宽容

宽容是对别人的理解、认可，是对错误和谬论的暂时忍让。忍一忍，海阔天空；让一让，柳暗花明。被别人宽容的人是幸福的，宽容别人的人是高尚的。学会宽容，是一种觉悟、一种修养，也是一种境界、一种艺术；和谐、融洽的人际关系，在很大程度上源于彼此间的相互宽容。宽容的形式、方法和策略多种多样，最重要的是要做到“四不”。

不求全，宽容其短。金无足赤，人无完人。对别人，要多看他的长处、好处和优点，少看缺点和不足；用人，则要善于扬长避短，用他的优点弥补其缺点。

不忌妒，宽容其才。别人可能在很多方面的才能都超过自己，对此，一定要保持一颗平常心，豁达大度，容得下别人。否则，就会产生动机上的排他性、心理上的忌恨性和行为上的攻击性，不仅会造成人际关系紧张，而且也影响自身形象。

不压服，宽容其言。兼听则明。为人处世，要学会倾听，善于倾听，多渠道、多侧面、多层次地去听，对的、错的，好听的、难听的，都要去听，不能动不动就以领导的权力压人，以长者的身份训人，更不能搞一言堂或个人说了算。

不苛刻，宽容其过。对别人的闪失、过错，要适度宽容，这对一个领导者来说尤为重要。宽容过失更能增强下属的责任心。当然，宽容是有原则的让步，而不是无原则的一团和气。

## 过程和结局

过程很曲折，结局很完美。就像河流的尽头是壮阔的大海一样，任何事情到最后都趋于完美，如果还不够完美，那说明还没到最后。

## 做人就做这样的人

做一个透明的人，人前人后一个样，班上班下一个样，表里如一，知行合一，不做“两面人”。

做一个亮堂的人，坦坦荡荡，不藏着掖着。

做一个有胸怀的人，胸襟开阔，能容人、能装事。

做一个懂得感恩的人，始终对组织的教育培养、同事的支持帮助、家人的奉献付出充满感恩之心。

做一个值得托付的人，立足本职，尽心尽力，使自己的工作让领导满意、让组织放心。

# 学会共事

大家在一起共事，既是一种责任，也是一种缘分、一种福分。作为党员干部特别是领导干部，既要能干事，又要善共事。只有这样，才能有所作为。那么，怎样才能共好事呢?

多一些微笑。微笑是人际交往中最简单、最积极、最乐于被人接受的一种方法。微笑代表着友善、亲切和关怀，是社交活动中最一般的礼貌和最基本的修养。微笑不用花费什么力气，却能使他人感到舒服。在与他人的交往中，微笑是热情友好的表示，是一股温暖的春风。在才能和智慧不相上下的人群中，你拥有更多的微笑，成功便在更大程度上属于你。

多一些赞美。现实生活中，一个人如果受到别人的赞美，他就会感到愉快和喜悦。美国著名作家马克·吐温曾经夸张地承认，一句好的赞词能使他不吃不喝活上两个月。关于赞美的效应，有这样一则故事：有一个富翁特别喜欢吃烤鸭，就重金聘请了一位有名的厨师每天为他做烤鸭。大厨师制作的烤鸭香鲜可口，但每天都只有一条腿，时间一长，富翁就把厨师叫来问道："你烧的鸭子怎么只有一条腿呢？"厨师指着缩了一条腿站着休息的活鸭子回答说："鸭子确实只有一条腿啊。"富翁气得拍了几下手掌，掌声惊动了鸭子，鸭子伸出了另一条腿匆匆逃避。富翁说："那鸭子不是两条腿吗？”厨师回答说：“是啊，如果你早鼓掌的话，那烤鸭就是两条腿了！”这则故事告诉我们，要为别人多鼓掌，否则，你吃的烤鸭就可能永远只有一条腿。与人交往，请不要吝啬赞美之词。

为人厚道一些。在处理人际关系时，不能待人刻薄，要小心眼儿，别人有了成绩，不能眼红，更不能嫉妒；别人出了问题，不能幸灾乐祸，更不能落井下石。历史上有这样一个感人的故事：一名叫任迪简的判官，一次赴宴迟到，按规矩该罚酒。倒酒的侍卫一时疏忽，错把醋壶当酒壶，给判官斟了满满一盅醋，判官一喝酸不可支。他知道军吏李景治军极严，若讲出来，侍卫必有杀身之祸，于是咬紧牙关一饮而尽，结果“吐血而归”，事情传出，军中闻者皆泣。这种为人厚道的品格深为世人称道。

处世大度一些。人生在世，不如意事常有。人际关系中，有时发生矛盾，心存芥蒂，产生隔阂，个中情结剪不断，理还乱，当何以处之？是“冤家路窄”，小肚鸡肠，耿耿于怀，还是冤仇宜解不宜结，“相逢一笑泯恩仇”？毫无疑问，在处理人际关系时，后一种态度才是值得称道的。

# 善共事才能做成事

大家在一起工作称为共事。人具有社会属性，总是工作、生活在一个组织、一个团队之中，总是要与人共事。大家能在一起共事，是一种缘分、一种福分，但要善共事、共好事，则需要一种智慧、一种境界。

作为党员干部特别是领导干部，既要能干事，又要善共事。干事靠本事，共事靠人品。不能干事，就会有辱使命，就是失职；不善共事，往往就不能干成事，同样也会有辱使命。只有既能干事、又善共事，才能有所成就，有所作为。1989 年 9 月，邓小平同志在同几位中央负责同志谈话时特别强调，领导班子内部“要相互容忍，相互谦让，相互帮助，相互补充，包括相互克服错误和缺点”[①]。这里实际上强调的就是如何在一起共事的问题。

善共事，必须要有一流的人品。与人共事，必须加强人品修养，不断提升自己的人格魅力。一个思想意识、道德品质好的人，一般来讲都具备心地善良、与人为善、待人诚恳、光明磊落，讲大局、识大体，全局观念强，自觉维护团结的特点。这样的人，人们都乐意与他为伍。相反，一个不懂协作，自由散漫，

① 《邓小平文选》第 3 卷，人民出版社 1993 年版，第 318 页。

我行我素，不分场合、乱说乱讲，搬弄是非的人，肯定没有人愿与他合作共事。周恩来总理在天津南开学校读书时，写了一副自勉联：“与有肝胆人共事，从无字句处读书。”“有肝胆人”，指的是有共同理想、有远大抱负、人格高尚、肝胆相照的人；“与有肝胆人共事”，则极有见地道出了共事的原则。

善共事，必须要有容人之量。容人是一种美德、一种修养、一种境界。俗话说：“将军额上能跑马，宰相肚里好撑船。”这是容人的最高境界。心有多宽，舞台就有多阔。一个人的心胸、气量决定一个人的成就空间；有多大的胸怀，就能成就多大的事业。作为党员干部应该具有海纳百川的宽广胸怀，能装事，能容人，能吃气；既要能容人之短、又要能容人之长；既要能容人之过、又要能容人之功。林肯出生于一个鞋匠家庭，没有任何贵族社会的背景，而当时的美国社会非常看重门第。竞选总统前夕，一个参议员为了让林肯退出竞选，故意羞辱他说：“林肯先生，在你开始演讲之前，我希望你记住，你是一个鞋匠的儿子。”面对羞辱，林肯没有愤然失态，而是自豪而又谦卑地说：“我非常感谢你使我想起了我的父亲，他已经去世了。但我一定会记住你的忠告，我知道我做总统无法像我父亲做鞋匠那样出色。据我所知，我的父亲以前也为你的家人做过鞋子，如果你的鞋子不合脚，我可以帮你改正它。虽然我不是伟大的鞋匠，但我从小就跟父亲学到了做鞋子的技术。”接着，林肯又对所有议员说：“对参议院的任何人都一样，如果你们穿的那双鞋是我父亲做的，而它们需要修理，我一定尽可能帮忙。但是，有一件事是肯定的，我无法像我的父亲那么伟大，他的手艺是无人能及的。”说到这里，林肯流下了热泪。顿时，所有的嘲笑都化为了热烈的掌声。林肯的宽容之心，不仅扭转了尴尬局面，消除了矛盾隔阂，而且赢得了人心，赢得了尊重。

善共事，必须要有谦让之德。相互谦让是合作共事的一个重要因素。古人有句话：“善与而不争，堂中有太平。”“善与”，就是在非原则问题上善于作出必要的牺牲和让步；“不争”，即不争高低，不争权力，不争名利，不计个人得失，不闹个人意气。如果在一些鸡毛蒜皮的小事上争来争去，彼此间的信任就会慢慢消失，合作共事的氛围就会受到破坏。“共和国第一大将”粟裕将军戎马一生，在中国革命的历程中立下卓越战功。1955 年，我军实行军衔制，毛泽东同志考虑到粟裕的资历、威望和战功，给予了粟裕极高的评价：“论功、论历、论才、论德，粟裕可以领元帅衔”，但粟裕却主动请求坚决辞去元帅衔，于是被授予了共和国的大将军衔。早就视名利为身外之物的粟裕平静地说：“评我大将，就是够高的了，要什么元帅呢？我只嫌高，不嫌低。”粟裕大将的“辞帅”之举，充分体现了老一辈无产阶级革命家的崇高境界和为党为人民的事业无私奉献的精神风貌。

善共事，必须要有坦诚之心。坦诚是做人之本，也是团结之本。毛泽东同志早就教导我们，要“说老实话，办老实事，做老实人”。坦坦荡荡、诚实守信、言行一致、表里如一，大家与你相处就会感觉踏实，就会对你产生信任感、依赖感，你的人缘就会越来越好；相反，今天耍个小聪明、明天弄个小花招，欺上瞒下，左哄右骗，时间长了，别人就会对你敬而远之，更不会有人愿意与你合作共事。2008 年 9 月，奥巴马正在竞选美国总统的时候，共和党副总统候选人佩林被媒体爆料说她那患有唐氏综合征的第 5 个儿子实际上是她 17 岁的女儿未婚先孕所生。按理，这一“丑闻”于共和党大大不利，作为民主党总统候选人的奥巴马听了应该兴奋无比，他获得了击败对方的“撒手锏”。然而，出人意料的是，奥巴马却微笑着说：“我想说的是，我妈妈18岁时便生下了我！”话毕，全场惊愕、肃静，紧接着一阵暴风雨般的热烈鼓掌；奥巴马与人为善的坦诚之心，赢得了人心、赢得了选民、赢得了竞选的成功。

善共事，必须要有友爱之情。大家在一起共事，既要讲原则、讲规矩，也要讲感情、讲友谊。共事一阵子，应该友爱一辈子。在日常的工作、学习和生活中，要常怀一颗感恩的心、一颗宽容的心、一颗友爱的心，相互理解尊重、相互信任支持；要允许别人有缺点，允许别人有过失，允许别人有不同意见。这样，久而久之，就会让工作更加人性化、共事更具人情味，相互间就能感到心情舒畅、精神愉悦，就可以集中精力做事情、一心一意干事业。罗荣桓是共和国开国十大元帅之一，为新中国的建立立下了不朽功勋。他与毛泽东建立了深厚的友谊，从1927年跟随毛泽东走上井冈山，到1963年逝世，风风雨雨伴随毛泽东，毛泽东同志称其为“一生共事的人”。罗荣桓逝世后，毛泽东十分悲痛，写下诗作《吊罗荣桓》，一句“君今不幸离人世，国有疑难可问谁”，表达了对罗荣桓的信赖、倚重和惋惜之情。

# 提升民主素养

习近平总书记指出："领导干部要把民主素养作为一种领导能力来培养，作为一门领导艺术来掌握。"[①] 民主制度一诞生，便有了民主素养。对新时代党的领导干部来说，民主素养体现的不仅仅是一种民主意识、一种工作作风、一种胸怀与气度，更是一种领导能力、一门领导艺术。

提升民主素养，是坚持党的民主集中制原则的内在要求。习近平总书记指出："我们实行的民主集中制，是又有集中又有民主、又有纪律又有自由、又有统一意志又有个人心情舒畅生动活泼的制度，是民主和集中紧密结合的制度。"[②] 民主集中制是我们党的根本组织原则和领导制度，坚持民主集中制原则，既可以最大限度激发全党创造活力，又可以统一全党思想和行动，有效防止和克服议而不决、决而不行的分散主义。民主集中制包括民主和集中两个方面，两者互为条件、相辅相成、缺一不可。贯

---

① 《中共中央政治局召开民主生活会强调，树牢"四个意识"坚定"四个自信"，坚决做到"两个维护"勇于担当作为，以求真务实作风把党中央决策部署落到实处》,《人民日报》2018 年 12 月 27 日。

② 《习近平在省部级主要领导干部学习贯彻十八届六中全会精神专题研讨班开班式上发表重要讲话强调，以解决突出问题为突破口和主抓手，推动党的十八届六中全会精神落到实处》,《人民日报》2017 年 2 月 14 日。

彻民主集中制原则，必须要有良好的民主素养、民主意识和民主作风。只有不断提升民主素养，增强民主意识，才能更加自觉、更加坚定地贯彻执行好党的民主集中制原则，从而把民主集中制的优势变成我们党的政治优势、组织优势、制度优势、工作优势。

提升民主素养，必须要有平等待人、与人为善的真诚态度。毛泽东同志早就说过："谅解、支援和友谊，比什么都重要。"[①]在一个单位工作或在一个领导班子内部共事，无论担任什么职务，彼此都是平等的一员，只有工作分工不同，没有高低贵贱之分。相互之间要有平等待人、与人为善的真诚态度，多一点民主素养，少一点霸道作风。要常怀友爱之心，多一分理解、多一分谅解、多一分包容。人人都有长处，要互相学习；人人都有短处，要互相提醒；人人都有难处，要互相帮助；人人都有个性，要互相包容。要学会换位思考，学会为别人着想，把别人的事当成自己的事，把别人的进步当成自己的进步。要珍惜在一起工作的缘分，共事一阵子，友爱一辈子。

提升民主素养，必须要有虚怀若谷、海纳百川的宽阔胸襟。"无大胸襟难为官。"作为领导干部，要善于敞开大门虚心纳谏，敞开心扉谛听真言，善于包容不同意见。邓小平同志指出："一个革命政党，就怕听不到人民的声音，最可怕的是鸦雀无声。"[②]在领导班子内部，要有话让大家讲，有意见让大家提，让每个班子成员充分发表自己的意见和看法；在领导班子以外，要积极疏

① 《毛泽东选集》第 4 卷，人民出版社 1991 年版，第 1441 页。

② 《邓小平文选》第 2 卷，人民出版社 1994 年版，第 144—145 页。

通和拓展民主渠道，使下级组织和党内外群众的意见、建议和批评能够及时、准确地反映上来，努力把各方面的真实情况、真实意见掌握全、掌握准，然后进行反复研究、反复比较、择善而从。要敢于集中、善于集中、正确集中，把不同意见统一起来，把各种分散意见中的真知灼见提炼概括出来，把符合事物发展规律、符合广大人民群众根本利益的正确意见集中起来，作出科学决策。

越是攻坚克难的重大关头，越需要凝聚合力、消除阻力；越是政治清明的昌盛时期，越需要发扬民主、善待民意。只有不断提升民主素养，才能让民意顺畅表达，让共识广泛凝聚，让决策更加科学，让领导魅力在更深层次和更高价值上得到彰显。

# 带头讲团结

讲团结是中华民族的优良传统。俗语“和为贵”“家和万事兴”“人心齐，泰山移”“二人同心，力可断金”等，都是在说明团结的重要性。毛泽东曾豪迈地说过：“只要共产党人团结一致，同心同德，任何强大的敌人，任何困难的环境，都会被我们战胜的。”[①] 习近平总书记也曾指出：“团结就是力量。不团结，一个人本事再大，也办不成任何事情。”[②]

所谓团结，是指人们为了集中力量、实现共同理想或者完成共同任务而联合或结合在一起。它具有鲜明的集体属性，是两人以上的集体行为，是一个群体或一个团体组织内部人与人之间关系融洽程度的具体体现。融洽程度越高，团结程度也越高。因此说，团结是力量的源泉，是战胜困难的法宝，是做好各项工作的重要保证。

——讲团结是凝聚单位内部合力的需要。一个单位不论大小、人数多少，都是按照一定的程序和职能组建起来的。其成员来自四面八方，年龄有大有小，性别有男有女，工龄有长有短，

① 《毛泽东文集》第 3 卷，人民出版社 1996 年版，第 22 页。

② 习近平：《做焦裕禄式的县委书记》，中央文献出版社 2015 年版，第 22 页。

阅历有深有浅，能力有强有弱，水平有高有低，并且每个人的性格、气质、修养、利益诉求不同，思维方式和接受能力也不同。在这样构成复杂的集体内部，如果不讲团结，不讲合作共事，思想就难以统一，合力就不能形成，什么样的事情也干不成、办不好。

——讲团结是干事创业的前提和基础。要想干好工作，完成任务，必须建立在团结的基础上。许多人都有这样的感受：工作、生活在一个风清气正、团结和谐、相互信任的环境里，就会心情舒畅、精神愉悦，浑身有使不完的劲儿，就可以集中精力做事情、一心一意干事业。反之，工作、生活在一个矛盾重重、关系紧张、彼此猜忌的环境里，就会心情沮丧、精神压抑，难以全身心地投入工作，自然也就无法成就一番事业。可以这样设想一下，一个单位如果没有统一意志，各唱各的调，各吹各的号，一盘散沙，四分五裂，即使每个人的个体能力再强，素质再高，本事再大，也不可能有大的作为。

——讲团结是在政治上实现共同进步的必然要求。经商者图获利，务农者求富裕，从政者讲的是有为、有位。要求进步之心，人皆有之。如果一个单位风不正、气不顺，搞窝里斗，荣誉面前你争我夺，势必就会造成鱼死网破、两败俱伤的局面。

——讲团结是树立良好社会形象的关键。一个单位的社会形象非常重要，而社会形象的好坏又与单位内部每个人的一言一行有着密切的关系，一荣俱荣，一损俱损。如果内部不团结，不仅损害党的事业，也损害自己和他人的利益，于党、于国、于人、于己，有百害而无一利。

——讲团结是一个人思想意识和道德品质的内在要求。一个思想意识、道德品质好的人，一般来讲都具备心地善良、与人为善、待人诚恳、光明磊落，讲大局、识大体，集体主义观念强，自觉维护团结的特点。相反，如果不注重团结，不善于团结，自由散漫，我行我素，不分场合乱说乱讲，搬弄是非，那么，这样的人一定是一个低级趣味的人，甚至是一个品行不端、道德败坏的人。

总之，团结问题至关重要。团结既是一种资源，又是一种环境，不仅出战斗力、出生产力，而且也出效率、出政绩、出干部，还能完善和提升一个人的社会形象。加快经济发展，推进事业进步，开创各项工作新局面，都离不开团结。营造团结统一、宽松和谐的良好局面，要从以下三个方面着手。

一要增强团结的意识，牢固树立团结为本的观念。要像爱护自己的眼睛一样爱护团结，像珍爱自己的生命一样珍爱相互之间的团结，切实把合作共事当作一种缘分来呵护。在单位内部要形成大事讲原则、小事讲风格的风气，人与人之间要胸怀坦荡、以诚相待，工作上互相支持，生活上互相帮助，心理上互相理解，既当同事又当朋友，既当同志又当兄弟，不要手腕，不玩权术，不计较个人得失，不争你高我低，要多看别人的长处，多想自己的不足，要有容人之量和爱人之心，真正形成团结和谐的工作环境。

二要坚持民主集中制原则，切实增强内部的凝聚力。民主集中制是党的根本组织制度和领导制度。搞好团结，根本的是坚持民主集中制。工作中要认真实行集体领导、分工负责，重大问题集体研究、民主决策。主要领导同志要成为贯彻民主集中制的表率，坚持原则，把握大局，团结同志，加强修养，以理服人，以德服人。每位成员要胸怀全局，切实履行职责，积极参与集体领导，落实集体领导下的个人分工负责制，树立工作上的支持就是最大的支持的思想，努力在班子内部造成一种支持配合、愉快共事、宽松和谐、团结向上的良好氛围。使每一个同志都能自觉地以大局为重，以事业为重，心往一处想，劲往一处使，话往一处说，事往一处办。一个单位领导班子团结了，整个单位就团结了，也就会有凝聚力、战斗力，就能在工作上合力、行动上合拍，就能带领大家取得一个又一个新的业绩。

三要严明纪律，反对自由主义。习近平总书记指出："讲团结不是搞一团和气，讲和谐不是要'和稀泥'。"[①]讲团结并不是不讲原则，不讲纪律，团结是建立在原则、纪律基础上的团结，是对错误的东西开展批评前提下的团结。恩格斯很早就说过："团结并不排斥相互间的批评。没有这种批评就不可能达到团结。没有批评就不能互相了解，因而也就谈不到团结。"[②]只有坚持原则、严明纪律，才能步调一致。每一名党员干部都要以坚强的党性和较高的政治觉悟保障团结，自觉维护集体权威，保证政令畅通，要按照"下级服从上级，个人服从组织"的要求，无条件地服从组织决定，保证组织意志的高度统一。坚决反对阳奉阴违，搞当面一套、背后一套的两面派行为，不允许编造、传播有损单位整体形象的言论，每一个同志都要自觉遵守和维护纪律，坚决同违背原则、违反纪律的行为作斗争。

---

① 习近平:《做焦裕禄式的县委书记》，中央文献出版社 2015 年版，第 11 页。

② 《马克思恩格斯全集》第 4 卷，人民出版社 1958 年版，第 423 页。

## 处理好个人与他人的关系

大家在一起工作，是共荣、共辱的关系。相互之间，要多一分理解、多一分谅解、多一分包容。要记住，人人都有长处，要互相学习；人人都有短处，要互相提醒；人人都有难处，要互相帮助、人人都有个性，要互相包容。要学会换位思考，学会为别人着想，把别人的事当成自己的事，把别人的进步当成自己的进步。要珍惜在一起工作的缘分，大家在一起相处，不求团结得像一个人，但要像一家人；共事一阵子，应该友爱一辈子。

## 常怀一颗感恩的心

2014 年 1 月 28 日，习近平总书记来到呼和浩特市儿童福利院看望残疾儿童。他动情地说，有一颗感恩的心很重要，所有的人都要有感恩的心。感恩，在《现代汉语词典》里的解释是："对别人所给的帮助表示感激。" 2013 年在全党开展的党的群众路线教育实践活动，说到底是对领导干部进行的一次感恩群众的教育。我们党来自人民、植根人民，是人民群众养育了党、成就了党所领导的中国特色社会主义伟大事业；是人民群众给了党员领导干部干事创业的舞台、施展才华的天地。忘记群众、脱离群众，不仅背离了党的宗旨，而且最终会为人民群众所抛弃。因此，作为党员干部特别是领导干部，要时时怀揣一颗感恩的心，时时不忘人民群众对党的无限恩情。

感恩是一种美德。法国伟大的启蒙思想家、哲学家、文学家卢梭说过："没有感恩就没有真正的美德。"源远流长的中华文明，孕育了深厚的感恩文化传统，古典文献中"乌鸦有反哺之义，羊有跪乳之恩""滴水之恩当涌泉相报""衔坊结草，以谢恩泽""吃水不忘打井人"等名言、警句，讲的都是感恩，旨在教育后人要常怀一颗感恩的心，并努力把感恩之情转化为报恩之行。党是整个社会的表率，党的各级领导干部又是全党的表率；党员干部常怀感恩之心，对于弘扬传统美德，带动全民践行社会主义核心价值观，促进党风、政风和社会风气根本好转，意义重大。

感恩是一种修养。感恩是人最可宝贵的道德品质。感恩总是与人品、修养、气度联系在一起。真正懂得感恩的人，都是那些人格高尚、豁达大度、拥有大智慧的人。居里夫人是世界上著名的女科学家，曾经两次获得诺贝尔奖金，被人们尊称为"镭的母亲"。当她在一次会议上看见自己的小学老师时，主动献上一束鲜花表达感恩之情。"落红不是无情物，化作春泥更护花。"感恩无须惊天动地，它是发自内心的感动，是一种美好的情感，是一种高贵的人性；不懂得感恩，甚至拒绝感恩，是道德的缺失，是人性的堕落，是对社会良知的背叛。

感恩是一种智慧。山感恩地，方成其高峻；海感恩溪，方成其博大；天感恩鸟，方成其壮阔。感恩，内心感激、感谢的是别人，其实真正受益的还是自己。懂得感恩，你就不想辜负所有关心你、帮助你的人，你就会迸发一种向上向善的力量，使你在挫折和困难面前无所畏惧、一往无前。懂得感恩，会让越来越多的人了解你、欣赏你，进而会有更多的人支持你、帮助你；机会和幸运总是青睐那些懂得感恩的人。人人都懂得感恩，人人都相互感恩，我们的社会才会更和谐、友情才会更真挚、生活才会更美好。

感恩是一种责任。一个领导干部，从出生到长大成人，直至走上领导岗位，固然离不开自身的努力，但更少不了父母的养育、社会的关爱、组织的培养、家人的支持、同事的帮助。我们不但要感恩于父母，更要感恩于组织，感恩于人民；把对父母的感恩升华为对人民群众的无疆大爱，把对组织的感恩，转化为做好工作、成就事业的强烈使命感和责任感，把对人民的感恩变为博大的爱民情怀，上升为立党为公、执政为民的执政理念，转化为做好本职工作的内在动力。

# 交友贵在慎、善、益

人具有社会属性，需要进行社会交往，党员、干部也不例外。《礼记·学记》中早就有记载：“独学而无友，则孤陋而寡闻。”一个人独自苦学即便很努力，也难免偏颇狭隘，没有朋友之间互相交流、切磋，久而久之就会孤陋寡闻、见识闭塞。英国作家萧伯纳也说过类似的话：“如果你有一个苹果，我有一个苹果，彼此交换，那么，每个人只有一个苹果；如果你有一个思想，我有一个思想，彼此交换，我们每个人就有了两个思想，甚至多于两个思想。”可见，正常地、适度地、有原则地结交朋友，不仅可以调节情绪、放松身心，而且可以开阔视野、丰富思想，有利于自我完善和提高。

值得注意的是，领导干部作为治国理政的“关键少数”，身居官位、手握公权、肩负重任，交友不单纯是个人的私事，关乎能否秉公用权、廉洁用权、依法用权，也关乎领导干部的个人形象和“道德指数”。习近平总书记曾告诫领导干部：“人情之中有原则，交往当中有政治。”①领导干部交友必须牢记一个“慎”字，做到一个“善”字，追求一个“益”字。

---

① 习近平：《用权讲官德，交往有原则》，《求是》2004 年第 19 期。

“慎”就是要慎交友。战国时期的思想巨子、墨家学派创始人墨子说过：“其友皆好仁义，淳谨畏令，则家日益、身日安、名日荣，处官得其理矣。……其友皆好矜奋，创作比周，则家日损、身日危、名日辱，处官失其理矣。”（《墨子·所染》）可见，朋友要交，但务必慎之。慎交友，就是要坚持原则，守住底线，始终保持头脑清醒，防止被一些人讨好、捧杀和利用。近年来，因交友不慎导致落马的官员比比皆是，在他们痛心疾首的忏悔中不难发现，一些别有用心的人与其说是“交友”，不如说是“交易”；一旦交上朋友，交易的大幕便由此拉开，并且随着时间的推移，变味的感情与日俱增，“友谊的小船”在背离初心的航道上渐行渐远，最终东窗事发、身陷囹圄、追悔莫及。

“善”就是要善交友、交善友。常言道：“秦桧还有三个相好的呢。”人活一世，朋友是不可缺少的。交友是个人需要，也是工作需要、事业需要、社会需要。古人云：“据财不能以分人者，不足与友。守道不笃，遍物不博，辩是非不察者，不足与游。”（《墨子·修身》）作为领导干部，既不能无原则地乱交友、滥交友，也不能因为慎交友而在社会交往中望而却步；慎，贵在把握一个“度”字，过慎则无友。领导干部交友，必须做到既“慎”又“善”。慎交友是前提，善交友是关键，交善友是根本。善交友、交善友就是要择善而交、择良而处、择莠而除，坚决远离各种“小圈子”“小兄弟”，远离那些“不足与友”“不足与游”的人，始终保持朋友圈的干净、纯洁；要重德、重情、重原则，让朋友圈始终洋溢着清风、充盈着正气、传递着向上向善的正能量。

“益”就是要益身心、利事业。领导干部交友的最高境界是益人益己益家庭、益党益国益社会。交友贵在交心。“在家靠父母，出门靠朋友”，“靠”的是真心、真情和真诚。任何以相互利用为目的的交往都靠不住、长不了。“士虽有学，而行为本焉。”(《墨子·修身》) 领导干部必须坚持以德会友、以友辅仁，选择结交对自己德行提升有益、对事业发展有利的朋友，尤其要多同普通群众交朋友，多同基层干部交朋友，多同先模人物交朋友，多同专家学者交朋友，并从与他们的真心交往中不断汲取智慧和力量。要坚决杜绝那种虚于应酬的空泛之交、吃吃喝喝的酒肉之交、拉拉扯扯的庸俗之交、投桃报李的势利之交。唯如此，才能在从政之路上行稳致远，在人生之旅中绽放光彩。

## 管住自己

《中国共产党党内监督条例》第八条明确规定：“党的领导干部应当强化自我约束，经常对照党章检查自己的言行，自觉遵守党内政治生活准则、廉洁自律准则，加强党性修养，陶冶道德情操，永葆共产党人政治本色。”2018 年 3 月 10 日，习近平总书记在参加十三届全国人大一次会议重庆代表团审议时进一步指出：“要慎独慎初慎微慎欲，培养和强化自我约束、自我控制的意识和能力……管好自己的生活圈、交往圈、娱乐圈，在私底下、无人时、细微处更要如履薄冰、如临深渊，始终不放纵、不越轨、不逾矩，增强拒腐防变的免疫力。”[①] 自我约束说白了就是自己管住自己。树贵自直，人贵自律。对领导干部来讲，越是在改革的重大关头，越是在事关个人利益的问题上，越是在私底下、无人时、细微处，就越要加强自律，慎独慎初慎微慎欲，培养和强化自我约束、自我控制的意识和能力。

*增强自我约束的意识和能力，必须始终心存敬畏、手握戒尺。*周恩来同志早就指出：“领导者切勿轻视自己的作用和影响，要戒慎恐惧地工作。”[②] 邓小平同志也说过：“共产党员谨小慎微不好，胆子太大了也不好。一怕党，二怕群众，三怕民主党派，总是好一些。谨慎总是好一些。”[③] 敬畏是自律的起点和动力，也是道德的源头和根基；知敬畏，才能言有所戒、行有所止，才能守住底线、不碰红线。作为党员、干部特别是领导干部，必须要有“一怕党，二怕群众，三怕民主党派”的政治自觉，心存敬畏，手握戒尺，在依法用权、正确用权、干净用权中保持廉洁；在守纪律、讲规矩、重名节中做到自律。马克思在《评普鲁士最近的书报检查令》一文中说：“道德的基础是人类精神的自律。”[④] 共产党人严格自律，还具有强大的示范、教化作用和净化、优化政治生态的功能。一个党员严格自律，可以影响带动周围一大批人；一个执政党严格自律，可以影响带动整个社会。

---

① 《习近平李克强栗战书赵乐际分别参加全国人大会议一些代表团审议》，《人民日报》2018 年 3 月 11 日。

② 中共中央组织部：《毛泽东周恩来刘少奇朱德论党的组织工作》，中共中央党校出版社 1986 年版，第 167 页。

③ 《邓小平文选》第 1 卷，人民出版社 1994 年版，第 271 页。

④ 《马克思恩格斯全集》第 1 卷，人民出版社 1956 年版，第 15 页。

增强自我约束的意识和能力，关键在慎独慎微、勤于自省。毛泽东同志在1913年的《讲堂录》手稿中指出：“人立身有一难事，即精细是也。能事事俱不忽略，则由小及大，虽为圣贤不难。不然，小不谨，大事败矣。”[①] 晚清第一名臣曾国藩也说过：“慎独者，遏欲不忽隐微，循理不间须臾。”[②] 自我约束、自我控制，关键是在私底下、无人时、细微处要能做到慎独慎微，“事事俱不忽略”。慎独慎微、勤于自省是领导干部道德修养的重要内容，也是增强自我约束、自我控制意识和能力最本质、最核心的要求；有了慎独慎微、勤于自省的思想自觉，才会有严格自律的行动自觉，也才会有约束自己、管住自己的政治定力、纪律定力、道德定力、抵腐定力。“千丈之堤，以蝼蚁之穴溃；百尺之室，以突隙之烟焚。”（《韩非子·喻老》）纵观近年来被查处的一些腐败官员，他们堕落的起点，几乎都是在私底下、无人时、细微处。作为党员干部，必须多积尺寸之功，坚持从小事小节上加强修养，从一点一滴中完善自己，修身正心，防微杜渐，努力做到“心不动于微利之诱，目不眩于五色之惑”。

增强自我约束的意识和能力，贵在守住纪律底线。习近平总书记指出：“我们这么大一个政党，靠什么来管好自己的队伍？……光靠觉悟不够，必须有刚性约束、强制推动，这就是纪

---

① 中共中央文献研究室，中共湖南省委《毛泽东早期文稿》编辑组：《毛泽东早期文稿（一九一二年六月—一九二〇年十一月）》，湖南人民出版社2008年版，第541页。

② 曾国藩：《曾国藩绝学》第1卷，线装书局2010年版，第5页。

律。”[1]纪律和规矩是马克思主义政党的生命线，严守纪律和规矩是共产党人的政治基因，是党员、干部特别是领导干部党性原则和政治品格的高度体现。自我约束、自我控制，既要靠个人修养基础上的道德约束和党性自觉，更要靠纪律和规矩的“刚性约束、强制推动”。作为党员、干部特别是领导干部，必须充分认识遵守党的纪律和规矩的极端重要性，牢固树立纪律和规矩意识。越是形势复杂、任务艰巨，就越要强化自我约束、自我控制，自觉遵守党内政治生活准则、廉洁自律准则和中央八项规定精神；越是位高、权重，就越要严格要求自己，时刻绷紧纪律和规矩这根弦，以自己守纪律、讲规矩和忠诚、干净、担当的模范行动，维护习近平总书记党中央的核心、全党的核心地位，维护以习近平同志为核心的党中央权威和集中统一领导，在政治立场、政治方向、政治原则、政治道路上同以习近平同志为核心的党中央保持高度一致。要把讲纪律、守规矩与敢担当、善作为结合起来，守住底线，勇攀高线，自觉担当起应该担当的责任，努力在“有守”中实现“有为”。

① 中共中央文献研究室:《习近平总书记重要讲话文章选编》，中央文献出版社、党建读物出版社 2016 年版，第 136 页。

# 多言何益?

两千多年前，墨子的弟子禽滑厘曾问墨子：“多言有益乎？”墨子回答：“虾蟆蛙蝇日夜而鸣，口干檘，然而不听。今鹤鸡时夜而鸣，天下振动。多言何益？唯其言之时也。”[①] 墨子不愧是一位“博乎道术，辩乎言谈”的思想大家，他就“多言有益乎”这个命题，采用打比方、作对比这一浅显的手法，说明了一个深刻的道理：说话不在言多，贵在切实际、合时宜、一语破的。

物以稀为贵，话以少为贵。越是精短明快、言简意赅的话，往往越是凝结着深刻的思想和哲理，越是能拨云见日、醍醐灌顶；古人“吉人之辞寡，躁人之辞多”(《周易·系辞》)、“大辩若讷”(《道德经》第四十五章)、“君子欲讷于言而敏于行”(《论语·里仁》)、“少言语以当贵，多著述以当富”(陈继儒:《小窗幽记·峭》)等，说的都是这个道理。道家经典《道德经》只有五千字，却成为人们千古传诵的传世之作。习近平总书记在新当选国家主席时发表的讲话，全文不到3000字，用时22分钟，赢得了10余次热烈的掌声。1948年，英国首相丘吉尔在牛津大学作一次“成功秘诀”演讲。当时，会场上人山人海，世界各大媒

① 毕沅校注:《墨子·佚文》，上海古籍出版社2014年版，第334页。

体都到了。只见丘吉尔走上讲台，两眼注视着观众，用手势止住大家雷鸣般的掌声，说:“我的成功秘诀有三个：第一是，决不放弃；第二是，决不、决不放弃；第三是，决不、决不、决不放弃！我的演讲结束了！”说完，走下了台。会场上沉寂了一分钟后，突然爆发出热烈的掌声。与丘吉尔的这场精彩演讲相似的是，1967 年 6 月，林语堂在台北某学院的演讲。当时，安排在林语堂前面的几位颇有身份的演讲者，似乎为了炫耀和卖弄自己的口才，演讲冗长乏味，轮到林语堂发言，他快步走到讲台，说道:“绅士的演说应该像女人穿的迷你裙，越短越好。”说完退下台去。此话一出口，大家先是一愣，几秒钟后，会场上“哗”地响起了掌声。大师就是大师，林语堂信手拈来的一个比喻，诙谐中不乏哲理，夸张中溢满情趣，贴切、形象而又生动，既婉转批评了冗长的演讲习气，更给莘莘学子留下了深刻印象。美国耶鲁大学举行 300 周年校庆，校长致辞仅用了一分钟，一座曾经培养了包括 5 位美国总统在内的历史名校，其功绩都能够浓缩在一分钟的讲话中，足见再复杂的工作，再重要的会议，都可以简短些、精练些，并达到预期效果，这里的关键在于“唯其言之时也、实也”！

少言语甚至不说话有时候还是一种境界和智慧。著名历史学家顾颉刚口吃，再加上浓重的苏州口音，说话时很多人都不易听懂。一年，顾颉刚因病从北大休学回家，同寝室的室友不远千里坐火车送他回苏州。室友们忧心顾颉刚的病，因而情绪并不高。在车厢里，大家显得十分沉闷，都端坐在那儿闭目养神。顾颉刚为了打破沉闷，率先找人说话。

顾颉刚把目光投向了邻座一个和自己年龄相仿的年轻人身

上，主动和对方打招呼："你好，你也……是……是去苏州的吗？"年轻人转过脸看着顾颉刚，却没有说话，只是微笑着点点头。

"出去……求学的？"顾颉刚继续找话说。年轻人仍是微笑着点点头。一时间，两个人的谈话因为另一个人的不配合而陷入了僵局。"你什么……时候……到终点站呢？"顾颉刚不甘心受此冷遇，继续追问。年轻人依旧沉默不语。而这时，坐在顾颉刚不远处的一位室友看不过去了，生气地责问："你这个人怎么回事？没听见他正和你说话吗？"年轻人没有理他，只是一个劲儿地微笑着，顾颉刚伸手示意室友不要为难对方。室友见状，便不再理这个只会点头微笑的木疙瘩，而是转过身和顾颉刚聊起来。

当他们快要下车的时候，顾颉刚突然发现那个年轻人不知什么时候已经走了，只是在果盘底下留了一张字条："兄弟，我叫冯友兰。很抱歉我刚才的所作所为。我也是一个口吃病患者，而且是越急越说不出话来。我之所以没有和你搭话，是因为我不想让你误解，以为我在嘲笑你。"冯友兰"不说话"的举动，让每个人都肃然起敬。

毛泽东同志早就说过："讲话、演说、写文章和写决议案，都应当简明扼要。会议也不要开得太长。"[①] 开短会、讲短话，是我们党一贯倡导的优良作风。对领导干部而言，讲短话体现的不仅仅是素质、能力和水平，更是党性、作风和境界。少讲话、讲短话，就是要善于把复杂问题简单化，努力提高话语的思想含量和

① 《毛泽东选集》第4卷，人民出版社1991年版，第1443页。

哲理强度。习近平总书记指出:“话语的背后是思想、是‘道’。”[①] 作为领导干部，真要少讲话、讲短话，并把话讲好、讲到位，是一件非常不容易的事，关键是要勤于学习、思考，勤于总结、归纳，勤于积累、创新，不断提高钩玄提要的概括力和见微知著的洞察力，能够透过现象看本质，善于在思考辨析中把握规律。这样，讲起话来才能简短精练、要言不烦。事实上，许多国际一流的大师，他们毕生研究的结论，往往不过是一些极为简单的道理；这些简单的道理表达起来不过寥寥数语，但却字字珠玑、句句经典、终身受用。

“多言无益”并不意味着“沉默是金”。语言承载思想，嘴巴展现魅力。“讲”的能力在很大程度上体现着领导干部的个人素养、公众形象和领导水平，体现着宣传群众、组织群众和落实、执行决策的能力。“凫胫虽短，续之则忧；鹤胫虽长，断之则悲。”(《庄子·骈拇》) 领导干部讲话，既不能简单地追求少和短，也不能机械地限制时间，而是要坚持从实际出发，内容决定形式，宜短则短，宜长则长，关键是要把话说到点子上。

---

① 中共中央文献研究室:《习近平总书记重要讲话文章选编》，中央文献出版社、党建读物出版社 2016 年版，第 433 页。

# 为官“十要”

1. 心要诚。古人云：“人之忠也，犹鱼之有渊，鱼失水则死，人失忠则凶。”心诚，首先是对党要忠诚，这是共产党人最为可贵的政治品格，也是一个领导干部政治上是否合格的根本标准。习近平总书记视察中办并同中办各单位班子成员和干部职工代表座谈时，提出了“五个坚持”的要求，放在首位的就是“坚持绝对忠诚的政治品格”。对党绝对忠诚，既是对中办工作的要求，也是对干部队伍建设的要求，对党员干部个人行为的要求。心诚，还体现在为人处世、待人接物要诚实、诚恳、诚信，时时处处以诚相见，不留后手，不耍手腕，不搞两面派、不做“两面人”。

2. 脸要黑。坚定不移地贯彻执行党的路线、方针和政策，不畏权、不怕鬼、不信邪，刚正不阿、铁面无私；敢于坚持原则，严格依法办事，自觉维护宪法法律权威，始终保持一身凛然正气；敢于坚持正义，主持公道，对社会上的不正之风和各种违法、违纪行为敢于抵制和斗争。

3. 脑要清。政治上要清醒，在重大原则问题上，立场坚定，旗帜鲜明，具有坚如磐石般的政治定力；要有强烈的政治意识，善于从政治上观察、分析和处理问题；工作思路清晰，善于抓大事、谋全局；善于审时度势，能够抓住主要矛盾和关键环节，集中力量进行突破。

4. 胸要宽。“海纳百川，有容乃大。”作为领导干部应该有宽广的胸怀，不为无原则的琐事所烦；要豁达大度，既能容人，又能容事，具有不怕吃苦、不怕吃亏、不怕吃气的精神；要能听得进逆耳忠言，装得下酸甜苦辣，容得下难容之事，咽得下难咽之气。对来自外界的非议，有则改之，无则加勉，不背包袱，不发怨气，不斤斤计较。

5. 眼要亮。要“眼观六路”，善于从多角度、多侧面看问题，能够在错综复杂的形势面前，纵观全局，分清主流与支流；能够见微知著，善于透过现象看本质，不为表面现象所迷惑；能够正确区别和判断善与恶、美与丑、真理与谬误，在各种思潮和政治风浪面前，处变不惊，临危不乱，旗帜鲜明地捍卫党的基本理论和基本路线。

6. 耳要灵。“兼听则明，偏信则暗。”作为领导干部要“耳听八方”，善于倾听各方面的情况、意见和要求，听民声、察民情、知民事，全面了解社情民意；要多渠道、多侧面、多层次去听，不仅要听领导的、还要听群众的，不仅要听正面的、还要听反面的，善于在不同意见、不同声音中进行比较、鉴别和选择，从而使思想更趋统一、决策更加科学、行动更加自觉；要能够集思广益，善于运用集体的智慧和力量创造性地开展工作。

7. 嘴要严。有人说，最难管住的是“一张嘴”。作为领导干部，一是把好“入口”关，强化自律意识，做到不贪、不馋，不该吃的坚决不吃。二是把好“出口”关。说话要对，要管用，尽量少说或不说错话，尤其不能说违心的话，不能说废话；说话要真，一是一，二是二，实事求是，不弄虚作假；说话要慎，不能信口开河，更不能无原则地封官许愿；说话要少，需要保密的事项不说，不利于团结的话不说，来自小道的消息不听、不信、不传、不说。

8. 面要善。面善源于心慈，源于对党的性质、宗旨和事业的坚守，源于对人民群众的深情厚爱。党的干部都是人民的儿子、人民的勤务员，必须时时刻刻躬下身子、笑着做人，树立党员干部亲民、爱民、为民的公仆形象；要热情待人，不能官腔官架，盛气凌人，更不能在群众面前恶语相向、冷眉以对；要平等对人，不能对上热乎乎，对下冷冰冰。

9. 腿要长。调查研究是谋事之基、成事之本、兴业之道，是领导干部必须具备的基本功。一个领导干部职务有高低、职责有大小，但从根本上讲都要进行决策，要保证决策的正确性，就必须搞好调查研究。没有调查研究就没有发言权，工作上就没有主动权，更没有决策权和领导权。因此，作为领导干部必须把腿拉长，经常深入基层、深入群众，调查研究，听真言、摸实情，尽可能多地掌握第一手资料。

10. 手要短。“手莫伸，伸手必被捉。”作为党的领导干部，必须管住自己的手，不该拿的不拿，不该要的不要，不该做的不做，真正耐得住清贫，扛得住歪风，顶得住诱惑，经得起考验，在物质利益面前不动心、不伸手，始终保持共产党人富贵不能淫、贫贱不能移、威武不能屈的坚定气节，以自身的模范行动，影响和带动全社会形成一种清廉之风、正义之气。

# 为官念好十字经

古人云："士虽有学，而行为本焉。"(《墨子·修身》) 修身不仅是做人之本，更是为官之要。领导干部修身，重在念好"学、忠、谦、忍、敬、严、实、勤、廉、慎"十字经。

1. 念好"学"字经：好学才能上进，好学才有本领。"智少而不学，必寡。"(《墨子·经说下》) 学习是立身做人的永恒主题，也是报国为民的重要基础。领导干部党性修养、道德品行、素质能力、个人魅力的背后，其实是书本知识和实践、阅历的积累；一个人从庸俗到卓越，往往只有一本书的距离。因此，一个称职的领导干部必须是一个善于学习的人，努力学习与自己工作领域相关的东西，努力掌握马克思主义世界观、方法论，不断提高分析问题、解决问题的能力。

2. 念好"忠"字经：善莫大于作忠，恶莫大于不忠。忠，体现的是一种道德操守和政治素养。作为党的干部，既然面对党旗立下了铮铮誓言，就必须对党忠诚、为党分忧、为党担责、为党尽责，牢固树立政治意识、大局意识、核心意识、看齐意识，在政治立场、政治方向、政治原则、政治道路上同以习近平同志为核心的党中央保持高度一致，自觉维护以习近平同志为核心的党中央权威和集中统一领导。

3. 念好“谦”字经：满招损，谦受益。毛泽东同志早就说过：“虚心使人进步，骄傲使人落后，我们应当永远记住这个真理。”① 凡事谦则和，和则不竞；让则平，平则寡怨。对领导干部来讲，谦虚是一种“知之为知之、不知为不知”的直率与坦诚，是一种“在大官面前不小、在小官面前不大”的淡定与从容，是一种“放下官架子、甘当小学生”的虚怀与谦恭。选择谦虚，就意味着选择成功、选择进步、选择更多的人与自己为伍；拒绝谦虚甚至自以为是，就会脱离群众，成为孤家寡人，不仅会一事无成，甚至还会在“温水煮蛙”中一步一步跌入违法乱纪的深渊。

4. 念好“忍”字经：忍一忍风平浪静，让一让海阔天空。能屈能伸真君子，能忍能让大智慧。作为党的领导干部，在一些无关紧要、无关宏旨、无关重大原则的问题上，必须要有“忍”的能力和度量，善于以忍谋和，以让求睦。1944 年 9 月 9 日，毛泽东同志给陈毅写信说：“凡事忍耐，多想自己缺点，增益其所不能；照顾大局，只要不妨大的原则，多多原谅人家。忍耐最难，但作一个政治家，必须练习忍耐。”②“尺蠖之屈，以求信也；龙蛇之蛰，以存身也。”(《易·系辞下》) 忍，是一种的修行，过程很痛苦，结果很甜蜜。忍，不是懦弱，而是一种理性和成熟，是对原则和信念的坚守，是为了“忍小忿而就大谋”；忍，不是退缩，而是一种韬光养晦、积蓄能量的睿智，是一种藏锋守拙、以退为进的谋略。

---

① 《毛泽东文集》第 7 卷，人民出版社 1999 年版，第 117 页。

② 《毛泽东文集》第 3 卷，人民出版社 1996 年版，第 127 页。

5. 念好“敬”字经：心有所敬，方能行有所止。古人云：“敬胜怠者吉，怠胜敬者灭。”(姜尚:《六韬·明传第五》)“敬”，不单纯是指尊敬、恭敬，而是一种对天道和真理的敬畏。敬畏是自律的起点，也是道德的源头。作为党员、干部，必须敬畏法纪。党纪国法是带电的“高压线”，摸底不得、碰不得。必须敬畏权力。权力是把“双刃剑”，既可以使人高尚，以权兴业、因权扬名；也可以使人堕落，以权谋私、因权败身。必须敬畏群众。始终把群众放在心中最高位置，增强与群众一块过、一块苦、一块干的思想自觉和行动自觉。

6. 念好“严”字经：世间事，做于细，成于严。严是一种工作标准、一种内在要求、一种精神境界，体现的是共产党人严肃的政治追求、严明的纪律要求、严密的组织制度、严格的组织生活。思想上松一寸，行动上就会散一尺。有了思想上的严要求，才有工作上的高标准。严，对个人是一种约束、一种保护；对同志是一种关心、一种爱护；对事业是一种促进、一种推动。作为党员、干部必须始终严守纪律、严守规矩、严守底线，努力做到“常在河边走，就是不湿鞋”。

7. 念好“实”字经：万事严中取，成效实处谋。“实”是一种行为方式、一种价值取向、一种道德规范，体现的是我们党实事求是的思想路线、理论联系实际的工作作风、求真务实的价值追求、脚踏实地的奋斗精神。念好“实”经，无论为官还是做人，就有了志向和底气，就会多一份从容、多一份淡定、多一份敬畏，就能够一切从实际出发，实事求是，一是一，二是二，不弄虚作假、欺上瞒下；就能够脚踏实地、真抓实干，敢于担当责任，勇于直面矛盾，善于解决问题；就能够襟怀坦白、公道正派，做一个思想务实、生活朴实、作风扎实的人，做一个尊重科学、尊重实践、尊重规律的人，做一个诚实守信、言行一致、表里如一的人，做一个勤勤恳恳工作、努力进取创造、任劳任怨奉献的人。

8. 念好“勤”字经：一勤天下无难事。“名不徒生，誉不自长。”天道酬勤，功不唐捐，这是亘古不变的真理。对领导干部而言，“勤”是一种“在其位、谋其政”的职业本分，是一种为官必为、为官有为的使命担当。有了这种担当，即使在能力和水平上稍有欠缺，同样也能把事情做好。事实上，真正的好干部，其实都是那些勤于学习、勤奋工作、勤勉上进的人。他们所从事的工作无论多么琐碎细小、多么艰难困苦，都会勤勤恳恳、兢兢业业，尽到自己最大努力，使每一件事情、每一项工作，都代表自己的最高水平，体现自己的最好风格；他们在平凡中坚持重复，在重复中构筑梦想，在实实在在的工作中经受风雨和历练，增长本领和才干，一步步走向成熟、走向成功、走向理想的彼岸。

9. 念好“廉”字经：历览天下事，自古廉生威。“廉者，政之本也。”清廉是共产党人的立身之本。清则正气充盈，廉则百毒不侵，洁则心境高雅。身为党员、干部，既然选择了为官从政，就要把清正廉洁作为自己的价值追求和自觉行动，时刻牢记手中的权力来自人民，只能用来为党分忧、为国干事、为民谋利，一丝一毫都不能私用。清廉还具有强大的道德力量。古人云：“吏不畏吾严，而畏吾廉；民不服吾能，而服吾公。公则民不敢慢，廉则吏不敢欺。公生明，廉生威。”清廉就会有正气在身；身有正气，不言自威。领导干部的威信、威望是一种无形的号召力、凝聚力和感召力，有了这种力量，就会说话有人听、办事有人跟，就能干出一番事业，成就美好梦想。

10. 念好“慎”字经：行谨则能坚其志，言谨则能崇其德。为人处世，“慎”是一种修养，一种境界，一种谨言慎行、谨小慎微、克己慎为的内在自律；为官从政，“慎”是一种敬畏，一种戒惧，一种严守纪律不放松、坚守底线不放纵、恪守规矩不放任的可贵自觉。作为党员、干部，必须心有所畏、言有所戒、行有所止，时时小心翼翼、战战兢兢，始终保持一种如临深渊、如履薄冰的危机感，在任何时候、任何情况下，都守得住清白、稳得住心神、管得住行动、经得住考验。这不仅是一种原则、一条底线，更是一种政治上的成熟、清醒与坚定。纵观古今，横看中外，无论为官还是做人，慎即安，纵必毁！

# 为官贵在忠诚

北宋政治家司马光在其《四言铭系述》中说：“尽心于人曰忠。”忠诚，代表着忠实、诚信和服从，是为人处世、为官从政必须恪守的基本道德规范。忠诚是维系社会秩序的纽带。没有相互间的忠诚，就难有相互间的信任，更难有国家之治、家庭之睦、同志之情。从战国时期的思想家墨子“为人君必惠，为人臣必忠”、韩非子“为人臣不忠，当死”，到东汉经学家马融“善莫大于作忠，恶莫大于不忠”，再到蜀汉丞相诸葛亮“人之忠也，犹鱼之有渊。鱼失水则死，人失忠则凶”，历代思想家、政治家都极力推崇一个“忠”字。古往今来，“忠诚”的故事不胜枚举：孟胜守义，是对朋友的忠诚；腹䵍杀子，是对法律的忠诚；宋弘“贫贱之交不可忘，糟糠之妻不下堂”，是对家庭的忠诚；林则徐“苟利国家生死以，岂因祸福避趋之”，是对国家的忠诚；夏明翰“砍头不要紧，只要主义真”，是对信仰的忠诚；陈景润“板凳甘坐十年冷，一生只为一道题”，是对事业的忠诚……这一幕幕惊天地、泣鬼神，动人心弦、摄人魂魄的真实“镜头”，让人广为传颂，成为历久弥新的美谈。

忠诚贵在绝对。忠诚是用人格写成的诗、用人品绘成的画、用真情唱出的歌，容不得半点虚伪和欺诈。忠诚必须绝对，忠诚不绝对就是绝对不忠诚；忠诚必须没有任何附加条件，有条件的忠诚叫“伪忠诚”。2014 年 10 月 31 日，习近平总书记在全军政治工作会议上指出：“对党绝对忠诚要害在‘绝对’两个字，就是唯一的、彻底的、无条件的、不掺杂任何杂质的、没有任何水分的忠诚。党员、干部要用这样的标准要求自己，自觉在思想上政治上行动上同党中央保持高度一致，党叫干什么就坚决干，党不允许干什么就坚决不干。”①对党绝对忠诚是最重要的政治纪律、最根本的政治要求、最可贵的政治品质、最起码的政治道德，是党员、干部为官从政的根基和前提，也是一个领导干部政治上成熟的标志、合格的标准和履职尽责的内在动力。绝对忠诚，就是要有铁铉那种“骨头被油炸，依然不肯面朝北”的坚定与执着。

① 中共中央纪律检查委员会，中共中央文献研究室：《习近平关于严明党的纪律和规矩论述摘编》，中央文献出版社、中国方正出版社 2016 年版，第 24 页。

没有这种坚定与执着，就不可能有对信仰、使命的坚守，就难以经得起大风大浪的考验，在关键时刻就会左右摇摆、迷失方向。

忠诚源于信仰，信仰提升忠诚；有了真信仰，才会有真忠诚。忠诚说到底是一种价值选择，是世界观、人生观、价值观的体现。共产党人的忠诚，源于对马克思主义的信仰，对共产主义和中国特色社会主义的信念。作为共产党人，既然选择了马克思主义，既然面对党旗立下了铮铮誓言，既然作出了全心全意为人民服务的庄严承诺，就必须时刻牢记自己的第一身份是共产党员、第一职责是为党工作、第一任务是为人民谋利益；就必须始终把党摆在心头正中，永远保持对党和人民的绝对忠诚，坚决听党话、铁心跟党走，增强政治意识、大局意识、核心意识、看齐意识，坚定地维护党中央权威，维护党的团结统一。提升忠诚靠信仰，坚定信仰靠修养。作为党员、干部，必须始终把党章党规作为自己的行为规范，把习近平新时代中国特色社会主义思想这一马克思主义中国化的最新成果作为行动指南，把"讲政治、有信念，讲规矩、有纪律，讲道德、有品行，讲奉献、有作为"作为一生的任务、一生的追求、一生的功课，补足精神之钙，铸牢忠诚之魂，修好共产党人的"心学"，努力练就金刚不坏之身、百毒不侵之心，以自己绝对忠诚的政治品格和矢志不移的坚定信仰，把人做好、把官当好、把事干好。

忠诚意味着服从，但服从不是盲从。古人云："为人下者，常司上之，随而行。"（《墨子·号令》）下级服从上级，是天职，也是纪律和规矩。但服从不等于盲从。"知而不争，不可谓忠。"（《墨子·公输》）服从是深思熟虑后的行动，是忠诚的体现；盲从则是不加思索、不加分析，无党性、无原则、无底线地盲目跟从，非但与忠诚无关，而且背离初心，有百害而无一利。两千多年前的墨子在《墨子·鲁问》中有一段与鲁阳文君关于忠诚的对话，墨子的见解可谓犀利。墨子认为，“令之俯则俯，令之仰则仰”“处则静，呼则应”不叫忠诚；“上有过，则微之以谏；己有善，则访之上，而无敢以告。外匡其邪而入其善，尚同而无下比，是以美善在上，而怨仇在下；安乐在上，而忧戚在臣”才是真正的忠诚。在墨子看来，俯首帖耳、唯命是从未必就是忠臣、贤士。真正的忠臣、贤士，在君主有过错时，应伺机劝谏；自己有嘉言善行则归之于君主，而不是去到处乱说、到处炫耀。让美善归于君主，怨仇属于臣下；让安乐归于君主，忧戚归于臣下，这不仅是一种品格，更是一种胸怀、一种智慧、一种担当。

*忠诚的要义是担当。*忠于党、忠于人民、无私奉献，是共产党人的优秀品质。忠诚是行动，而不是口号；是担当，而不是只想当官不想干事，只想揽权不想担责，只想出彩不想出力。担当是忠诚的试金石。担当精神，体现着党性，检验着忠诚，映照着灵魂，考量着品行。明代政治家吕坤说过：“做官都是苦事，为官原是苦人，官高一步，责任更大一步，忧勤便增一步。”作为党员、干部，更应该对党忠诚、为党分忧、为党担责、为党尽责，模范践行党的宗旨，始终保持为民本色，始终保持奋发有为的精神状态，把全部心思和精力用在工作上，用在干事创业上，把全部汗水和脚印留在实现中华民族伟大复兴中国梦的历史进程上，以自己“我是党员，向我看齐”的行动自觉、“我是党员我先上，我是党员跟我冲”的献身精神、“平常时候看得出来，关键时刻冲得上去”的先锋模范作用，体现担当，诠释忠诚，彰显共产党人竭诚奉献、担当有为的鲜明品格。

# 为官必须讲规矩

党的十八大以来，习近平总书记反复强调要讲规矩。部署教育实践活动时强调“定了规矩就要照着办”；在湖南考察工作时，要求“自觉按原则、按规矩办事”；研究改进作风时，指出“要坚持原则、恪守规矩”；在中央纪委五次全会上，提出要“把守纪律讲规矩摆在更加重要的位置”……“规矩”，可以说是以习近平同志为核心的新一届中央领导集体治国执政的一个关键词、高频词，是对党的纪律建设理论的丰富和发展，是从严治党、依规治党的高度升华。

规矩就是规则、规程、规定，就是做人做事、为官从政的底线与边界，既包括党纪国法、规章制度、工作程序，也包括个人修养、道德情操、礼仪规范。党章是全党必须遵循的总章程，也是总规矩。党的纪律是刚性约束，政治纪律更是全党在政治方向、政治立场、政治言论、政治行动方面必须遵守的刚性约束。国家法律是党员、干部必须遵守的规矩。党在长期实践中形成的优良传统和工作惯例也是重要的党内规矩。纪律是成文的规矩，一些未明文列入纪律的规矩是不成文的纪律；纪律是刚性的规矩，一些未明文列入纪律的规矩是自我约束的纪律。守纪律是底线，守规矩靠自觉。

人不以规矩则废，党不以规矩则乱。一个干部，如果在“规矩”面前打折扣、做选择、搞变通，对自己有利的就执行，不利的就不执行，随心所欲、各行其是，早晚要出问题；一个政党，如果没有铁的纪律作保证，松松垮垮、稀稀拉拉，迟早会走向灭亡。习近平总书记曾以苏共为例，印证严明政治纪律的重要性。他说：“苏共早年在有 20 万党员时能够夺取政权，在有 200 万党员时能够打败法西斯侵略者，而在有近 2000 万党员时却丢失了政权、丢失了自己，这是为什么？我看，很重要的一个原因是政治纪律被动摇了，谁都可以为所欲为、言所欲言，那还叫什么政党呢？那是乌合之众了。”[①] 在我们党的干部队伍中，像周永康、徐才厚、令计划、苏荣这样的人，理想信念动摇，组织纪律观念淡化，无视规矩，不讲廉耻，居官乱为，毫无戒惧之心，最终倒在了规矩编织的“高压线”下，这完全是咎由自取！

邓小平同志早就说过：“我们这么大一个国家，怎样才能团结起来、组织起来呢？一靠理想，二靠纪律。”[②] 习近平总书记也一再强调：“从严治党靠教育，也靠制度。”[③] “要加强警示教育，让广大党员、干部受警醒、明底线、知敬畏，主动在思想上划出红线、在行为上明确界限，真正敬法畏纪、遵规守矩。”[④] 作为党的领导干部，必须牢固树立纪律和规矩意识，带头守纪

① 中共中央文献研究室：《习近平总书记重要讲话文章选编》，中央文献出版社、党建读物出版社 2016 年版，第 23 页。

② 《邓小平文选》第 3 卷，人民出版社 1993 年版，第 111 页。

③ 习近平：《在党的群众路线教育实践活动总结大会上的讲话（2014 年 10 月 8 日）》，《人民日报》2014 年 10 月 9 日。

④ 习近平：《在党的群众路线教育实践活动总结大会上的讲话（2014 年 10 月 8 日）》，《人民日报》2014 年 10 月 9 日。

律、讲规矩；职位越高、权力越大，就越应心存敬畏，时时刻刻战战兢兢、如履薄冰，以自己听招呼、守规矩，积极作为、勇于担当的模范行动，示范带动全社会形成严格依法依规办事的良好风气，为全面推进依法治国、依规依纪从严管党治党贡献力量。

## 慎独更要惜独

古人云："慎独则心泰。"[①] 慎独，是我国古代先贤倡导的一种自我修养方法，也是共产党人党性修养的有效形式和最高境界，通常是指一个人在独处时，也能够严格要求、时刻检点自己的言行，不做有违道德和法纪的事，就像刘少奇同志在《论共产党员的修养》中说的那样："即使在他个人独立工作、无人监督、有做各种坏事的可能的时候，他能够'慎独'，不做任何坏事。"[②]

习近平总书记曾经告诫党员干部要"慎独"。他指出，"不仅要主动接受组织、制度的监督，而且还要不断加强自律，做到台上台下一个样，人前人后一个样，尤其是在私底下、无人时、细微处"[③]。慎独是一种根植于内心的修养、一种无须提醒的自觉、

① 曾国藩:《曾国藩绝学》第 1 卷，线装书局 2010 年版，第 5 页。

② 《刘少奇选集》上卷，人民出版社 1981 年版，第 133 页。

③ 习近平:《之江新语·追求"慎独"的高境界》，浙江人民出版社 2007 年版，第 272 页。

一种时时用道德和法纪约束自己的境界、一种处处为别人着想的善良。党员、干部特别是领导干部手中都握有一定的权力，各种诱惑、算计往往都会冲着领导干部而来，各种讨好、捧杀都会对着领导干部而去。作为党员、干部特别是领导干部，必须时时心存敬畏而不存侥幸，时时保持清醒而不犯糊涂，时时保持警觉而不为世风左右，常思贪欲之害，常怀律己之心，常排非分之念，常修为政之德，严格用党员干部的标准要求自己、用党的纪律和规矩约束自己、用“内心的法律”——法律是成文的道德，道德是内心的法律——管住自己，在任何时候、任何情况下，都不碰红线、不越底线，始终保持共产党人的革命气节和政治本色。

慎独固然可贵，惜独尤为难得。所谓“惜独”，就是珍惜自己一个人独处时的光阴。著名学者周国平说过：“心灵和胃一样，需要休息和复原，独处和沉思便是心灵的休养方式。”[①] 人需要独处和思考，需要耐得住“昨夜西风凋碧树”的清冷和“独上高楼”的寂寞。如果说慎独需要定力，那么惜独则是一种能力——一种享受宁静、点燃激情、诱发灵感、启迪智慧的能力。“独窗则神不浊，默坐则心不浊。”（朱锡绶：《幽梦续影》）人只有独处时，才可以超然物外，给心灵放个假，让思维纵横驰骋，让思想自由飞翔；越是在独处时，往往越是求知易得、求道易悟、为事易成。

法国哲学家笛卡尔说过：“我思故我在。”思考也是一种生命存在的方式。人只有独处时，才能静下心来，思考人生，思考社

---

① 周国平：《安静的位置》，北京理工大学出版社 2009 年版，第 170 页。

会，思考责任与使命，思考为人处世的经历，思考为官从政的得失。思考过后，你才会真真切切感受到“荣华花间露，富贵草上霜”，地位、财富、荣誉并不代表幸福，所有的幸福都是奋斗出来的，唯有不驰于空想、不骛于虚声，一步一个脚印，踏踏实实干好工作，生命才有价值和意义。

2010 年 6 月，时任中央党校校长的习近平总书记在谈到对党校学员的要求时说：“我们党需要有一批‘踱方步’的人。”[①] 陈云同志也说过：“要拿出一定的时间‘踱方步’，考虑战略性的问题。”[②] 所谓“踱方步”的人，就是迈着四方步深入思考、深谋远虑的人。火花往往在“独处”时产生，观点往往在“踱步”中形成。学会独处，学会在独处时“踱方步”，这不仅是一种智慧，而且可以从独处和“踱方步”中悟出更多道理、获得更多智慧。

慎独使人高尚，惜独使人智慧，无论为官还是做人，慎独更要惜独。

---

① 迟爱萍：《“踱方步”中的大智慧》，《人民论坛》2010 年第 31 期。

② 《陈云文选》第 3 卷，人民出版社 1995 年版，第 377 页。

# 要戒慎恐惧地工作

1943 年 4 月 22 日，周恩来同志在重庆为中共中央南方局的干部作报告而写的《领导与检查报告大纲》中指出，“领导者切勿轻视自己的作用和影响，要戒慎恐惧地工作”[①]，并强调戒慎恐惧“不是后退，不是泄气”[②]，而是“真正的勇敢，是革命家的气概，是马克思列宁主义者对待困难的唯一正确的态度”[③]。“戒慎恐惧”语出《中庸·第一章》：“戒慎乎其所不睹，恐惧乎其所不闻。”就是在人看不到的地方也常警惕谨慎，在人听不到的地方也常唯恐有失。戒慎恐惧地工作，就是要求领导干部要常怀敬畏之心、戒惧之意，工作上大胆开拓有作为，用权上谨慎而行不妄为。这不仅是一种原则、一条底线，更是一种政治上的成熟、清醒与坚定。

戒慎恐惧地工作，就是要心存向往。有了对崇高理想、远大目标和美好生活的追求与向往，心中就会萌发一种向上向善的力量，就会时时铭记禁戒、不忘初心，珍惜现在、开拓未来。三百

---

① 《周恩来选集》上卷，人民出版社 1980 年版，第 132 页。

② 《周恩来选集》下卷，人民出版社 1984 年版，第 409—410 页。

③ 中共中央文献研究室：《周恩来年谱（1949—1976）》中卷，中央文献出版社 1997 年版，第 479 页。

多年前，一艘贩运黑奴的帆船在横渡茫茫大海时触礁沉没，船上八名水手和一百多名黑奴全部葬身海底。只有一名苏格兰水手幸存，他凭着顽强的毅力，漂流一百多海里，游到了一个荒无人烟的小岛上，在那里孤单地生活了二十八年，后被路过的另一艘帆船带到了陆地上。这名水手就是《鲁滨孙漂流记》中主人公鲁滨孙的原型。后来，有人问他是如何保住自己的性命的，他说：当时我仿佛看到眼前不远的地方有一根稻草，于是便拼命地向前游，想去抓住它，尽管游了很久都未能如愿，但我相信那根稻草就在前方，希望也在前方。一根幻觉中的稻草，正是鲁滨孙心中美好的向往。共产党人的向往与人民群众的向往是一致的，诚如习近平总书记所说，“人民对美好生活的向往，就是我们的奋斗目标”①。共产党人心存向往，就是要坚定共产主义理想和中国特色社会主义信念，早日实现中华民族伟大复兴的中国梦，让人民群众过上更加幸福美好的生活。有了这种向往和追求，就会倍加珍惜组织给予的工作平台，倍加珍惜党和人民赋予的权力，倍加珍惜现在所拥有的一切；懂得珍惜，自然就能做到戒慎恐惧地工作。

戒慎恐惧地工作，就是要心存耻感。古人云：“五刑不如一耻。”（吕坤：《呻吟语·治道》）人类自从知道用树叶和兽皮遮住自己的下体，便有了耻感。耻感是人类社会文明进步的标志，是中华传统文化最原始的基因。“相鼠有皮，人而无仪；人而无仪，不死何为”“知耻近乎勇”“无羞恶之心，非人也”“羞恶之心，义之端也”“物耻足以振之，国耻足以兴之”“辱，莫大于不知耻”

① 《习近平谈治国理政》，外文出版社 2014 年版，第 4 页。

等，都是告诫人们要心存耻感。耻感是一种内化的活动，是一种基于道德标准的自我反省和置身人后时的自我砥砺。对党员、干部来讲，如果说纪律和规矩是外在的约束，那么耻感就是内在的戒律。清代思想家龚自珍说过："士皆知有耻，则国家永无耻矣；士不知耻，为国之大耻。"知耻是修身的起点，是善念源头，是向善的开端。有了耻感，就会为自己在心中立下一把划分荣与辱、得与失、进与退、高尚与卑微的道德标尺，就可以分清真、善、美与假、恶、丑，就可以知道哪些事能做、哪些事不能做，哪些话能说、哪些话不能说，哪些地方能去、哪些地方不能去，从而外化为戒慎恐惧地工作的自觉行动。

*戒慎恐惧地工作，就是要心存敬畏。*古人云："敬胜怠者吉，怠胜敬者灭。"（姜尚：《六韬·明传第五》）这里的"敬"，不单纯是指尊敬、恭敬、崇敬，而是一种对天道与真理、公平与正义的敬畏。敬畏是自律的起点。作为党员、干部，必须敬畏法纪。时刻铭记党纪国法是"高压电""警戒线"，绝对不能以身试法。要汲取前车之鉴，做到防微杜渐，警钟长鸣。必须敬畏权力。权力是把"双刃剑"，既可以使人高尚、以权兴业、因权扬名，也可以使人堕落、以权谋私、因权败身。面对权力的诱惑，从功臣到罪犯，从好同志到阶下囚，从人民的公仆到人民的公敌，往往只是闪念之间。必须敬畏群众。"若要人不知，除非己莫为"，"勿以恶小而为之，勿以善小而不为"，时刻谨记干净是立身之本，要始终保持政治上的坚定，品德上的纯洁，行为上的先进，对自己不放纵、不越轨、不逾矩，时时自重、自省、自警、自励，洁身自好，存正祛邪，注重修身养德，始终筑牢拒腐防变的思想防线。

# 温水煮蛙的启示

一百多年前，美国康奈尔大学的研究人员做过一项著名的实验，他们把一只青蛙冷不防丢进煮沸的油锅里，千钧一发之际，这只青蛙拼尽全力，箭一般跃出滚烫的油锅，安然逃生。然后，他们再把这只创造了奇迹的青蛙放进盛着同样多冷水的铁锅里，慢慢地以炭火加热，青蛙在温暖的水中惬意地泅游，待其意识到危险逼近，欲再奋力一跃时，却因懈怠散漫已久，失去了爆发力，终未能逃离险境。

想来我们人类的某些情形与这只青蛙的表现颇有异曲同工、殊途同归之处。近年来查处的一些贪官污吏，无一不是从收受一点“小意思”开始，慢慢地、在不知不觉之中走向犯罪的。他们在从政之初，都能廉洁自律，严格要求自己，顺利地闯过一道道“关口”，赢得群众和组织的信任。但跃上高位以后，手中的权力大了，趋奉的人多了，自我要求松了，自觉不自觉地收一点礼、受一点贿、沾一点“腥”。于是，逐渐丢掉了理想信念和人性中那些宝贵的东西，私欲恶性膨胀。由一两次侥幸过关，到肆无忌惮地为所欲为；由松动自己绷紧的心弦，到洞开私欲的大门，最终跌入了犯罪的深渊，走向人民的对立面。这与一个世纪前那只青蛙的命运何其相似。

习近平总书记在党的群众路线教育活动总结大会上强调："在发展社会主义市场经济条件下，商品交换原则必然会渗透到党内生活中来，这是不以人的意志为转移的。社会上各种各样的诱惑缠绕着党员、干部，'温水煮青蛙'现象就会产生，一些人不知不觉就被人家请君入瓮了。"面对形形色色的诱惑，每个党员干部都必须筑牢忠诚品格、提升道德修养、锤炼过硬操守，始终保持政治上的清醒与坚定、思想上的先进与纯洁、行为上的高尚与清廉，不为金钱所动，不为美色所诱，不为名位所惑，永葆共产党人坚定的革命气节和高尚的道德情操。

## 做严以修身的表率

做官先做人，做人先修身。修身是做人的根本，也是为官从政的基础和前提。古人讲，"修身、齐家、治国、平天下"，"修身"位居其首；在"三严三实"的思想体系中，"严以修身"排在第一位。领导干部作为社会的标杆、全党的表率和治国理政的关键少数，必须着力在修身上下功夫，使自己不仅"才"胜其任，更"德"负其重。

修身的本质是"修心"。古人云，"欲平天下者必先治其国，欲治国者必先齐其家，欲先齐家者必先修其身，欲修身者必先正其心"，"自修之道，莫难于养心"。修心是修身的内在要求和本质特征；党员、干部修心的最高境界，就是以忠诚之心对党，以赤子之心为民，以律人之心律己，以恕己之心恕人，以家国情怀担当。心中有党、对党忠诚是共产党人修身做人、为官从政的第一要义。作为党员、干部特别是领导干部，要时刻想到自己曾经面对党旗宣过誓、立志要做党的人、发奋要为民谋利，时刻不忘自己对党应尽的义务和责任，始终相信组织、依靠组织、服从组织，自觉维护党的团结统一，维护党中央权威；中央提倡的坚决响应，中央决定的坚决照办，中央禁止的坚决杜绝。要始终站在党和人民的立场上想问题、作决策、办事情，以百姓之心为心，努力做到“民之所好好之，民之所恶恶之”，牢记宗旨、心系群众，真正像焦裕禄同志那样“心中装着全体人民、唯独没有他自己”，像孔繁森同志那样“人民利益高于天”，像谷文昌同志那样“不带私心搞革命、一心一意为人民”。

修身的核心是“补钙”。理想信念是共产党人生命里的“根”、精神上的“钙”、思想上的“魂”，是“两学一做”的政治根基和思想基础。共产党人修身，核心是坚定对马克思主义的信仰，坚定对中国特色社会主义和共产主义的信念，坚定对党和人民的忠诚。“理想因其远大而为理想，信念因其执着而为信念。”有崇高的理想，才有高尚的人格；有坚定的信念，才有执着的追求和持久的动力。理想信念坚定了，站位就高了，眼界就宽了，心胸就开阔了，就能站稳立场，把准方向，一切是非、正误、主次，一切真假、善恶、美丑，自然就洞若观火、清澈明了，自然就能作出正确判断、作出正确选择，自然就能“花繁柳密处，拨得开；风狂雨急时，立得定”，始终保持共产党人的先进性、纯洁性和勇往直前、义无反顾的献身精神。

修身的基础是“修德”。“士虽有学，而行为本焉。”(《墨子·修身》）修身，说到底就是修德，也就是加强道德修养。国无德不兴，人无德不立，吏无德必乱。高尚的道德情操，是党员、干部必须具备的基本素养，是共产党人先进性、纯洁性的重要体现，更是我们党具有凝聚力、号召力和战斗力的内在禀性。全面从严治党的新常态，使领导干部进入了一个前所未有的“德”时代、“慎”时代；做人要有人品、当官要有官德、用权要有边界。作为党员、干部特别是各级领导干部，面对各种诱惑、算计，面对各种讨好、捧杀，必须自筑“防火墙”、自戴“紧箍咒”、自设“高压线”，扎牢“道德篱笆”，时时保持清醒，保持警觉，保持一种如临深渊、如履薄冰的危机感，心存敬畏、手握戒尺，谨言慎行、敬小慎微、克己慎为，管住自己，管好家人，自觉远离低级趣味，自觉抵制歪风邪气，在任何时候、任何情况下，都严守纪律、恪守规矩、坚守底线，不放纵、不越轨、不逾矩，永葆共产党人的革命气节和政治本色。

修身贵在修己及人。领导干部修身，不仅要在“修己”上下功夫，更要在“及人”上做文章。党是整个社会的表率，党的各级领导干部又是全党的表率。一个领导干部在修身做人、为官用权上严格要求自己，可以影响带动周围一大批人；一个执政党从严从实要求自己，可以影响带动整个社会。因此，领导干部严以修身，不仅在道德情操、思想境界、政治标准等方面要有更高更严更实的要求，而且要以上率下，以自己的一言一行、一招一式树标杆、做表率，发挥好示范带动作用，引领全社会努力形成以德立身、处世，依法用权、办事的良好风尚。

# 做严以用权的表率

2015 年 4 月，中共中央办公厅印发《关于在县处级以上领导干部中开展“三严三实”专题教育方案》，对在县处级以上领导干部中开展“三严三实”专题教育作出安排[①]。“三严三实”，严以用权处于核心地位，起着关键作用。严以修身、严以律己，说到底都是为了让领导干部代表党和人民掌好权、用好权；只有在权力的行使和运用上“严”起来，才能在谋事、创业、做人上“实”起来。因此，领导干部践行“三严三实”要求，关键是在用权上严起来，也就是要坚持用权为民，按规则、按制度行使权力，把权力关进制度的笼子里，任何时候都不搞特权、不以权谋私。

第一，要严在为民上。习近平总书记在出席中央党校 2010 年秋季学期开学典礼时强调：“马克思主义权力观，概括起来是两句话：权为民所赋，权为民所用。前一句指明了权力的根本来源和基础，后一句指明了权力的根本性质和归宿。”[②] 谁授权，就要

---

① 《关于在县处级以上领导干部中开展“三严三实”专题教育方案》，《人民日报》2015 年 4 月 20 日。

② 习近平：《领导干部要树立正确的世界观权力观事业观》，《中国党政干部论坛》2010 年第 9 期。

对谁负责、为谁服务，这是政治学的一条普遍原理，也是权力运行的一条基本法则。严以用权，说到底就是管住、用好手中的权力，防止私用和滥用；既然权为民所赋，就必须权为民所用。作为领导干部，必须始终把权力视为使命、责任和担当，全心全意地运用人民赋予的权力，为党分忧、为国尽职、为民谋利，为实现中华民族伟大复兴的中国梦而奋斗。领导干部的权力与责任是对等的，有多大的权力，就要负多大的责任；领导干部职位越高，权力越大，责任也就越重。要始终以党和人民的需要来决定自己对权力的取舍，能上能下，能进能退，一切服从党和人民的安排。

第二，要严在依法上。全面推进依法治国，是国家治理领域一场广泛而深刻的革命。依法治国，核心是依法建立权力运行规则；严以用权，就是严格按规则、按制度行使权力。领导干部身居高位、手握重权、肩负重任，是全面推进依法治国的“关键少数”，必须带头守法用法，带头依法用权、秉公用权、阳光用权、廉洁用权。要时刻牢记权力就是责任、权力就是信任、权力就是重托。权力姓公，一丝一毫都不能私用；权力为民，一丝一毫都不能滥用；权力有界，一丝一毫都不能逾矩。要牢牢把握“法定职权必须为、法无授权不可为”的基本要求，自觉在法律约束下用权，在制度笼子里用权。一方面，要按照法律规定切实履行分内职责，勇于负责、敢于担当，克服懒政、怠政，杜绝为官不为；另一方面，要严守权力边界，严格按照权力清单用权、按照法定界限用权，坚决防止乱作为，防止权力滥用和任性。

第三，要严在监督制约上。领导干部严以用权，靠自觉，也靠监督。在现代国家治理体系中，对权力进行监督制约是通行做法，体现了国家治理的规律性。法国著名哲学家孟德斯鸠在《论法的精神》一书中指出："一切有权力的人都爱滥用权力，这是万古不变的经验，防止权力滥用的办法，就是用权力约束权力，权力不受约束必然产生腐败。"① 革命导师列宁也说过："不受制约的权力，必然导致不受节制的堕落。"② 权力是人类文明进步过程中的一种社会现象和支配力量。掌握权力的人永远是少数，在我国，这些少数人有一个统一的称谓叫"领导干部"；不同领域、不同层级的领导干部手中都有一定的权力。但是，权力是一把双刃剑，在法治轨道上行使可以造福人民；一旦脱离法治轨道，权力本身的扩张性、腐蚀性和破坏性就会表现出来。领导干部作为权力的承担者、行使者，必须强化监督意识，自觉接受监督，确保人民赋予的权力始终用来为人民谋利益。要时时保持警醒，在拥有权力的时候，不要忘记自己的责任；在行使权力的时候，不要忘记党的宗旨；在感受到权力带来某些便利的时候，不要忘记党和人民群众的监督。要积极适应全面从严治党的新常态和越往后越严的新要求，习惯于在"聚光灯"下行使权力、在"放大镜"下开展工作，守纪律、讲规矩，始终做到心有所畏、言有所戒、行有所止，自觉接受社会各方面的监督，坚决克服设障逃避监督的行为，坚决防止人为暗箱操作的现象，确保权力的行使不偏向、不越轨、不出格。

---

① 〔法〕孟德斯鸠：《论法的精神》，严复译，上海三联书店 2009 年版，第 169 页。

② 沈荣华：《怎样把权力关进制度的笼子里》，《光明日报》2013 年 4 月 16 日。

# 公权为民，一丝一毫都不能私用

公权为民，这是对马克思主义权力观通俗而又精辟的表述。

权力是一种强制性的支配力量。领导干部都有一定的权力；没有权力，领导工作就无从谈起。领导干部对权力的认识和理解不同，对待权力的态度不同，运用权力的目的不同，就形成了不同的权力观。作为党的领导干部，必须时刻牢记权力姓公，必须始终坚持公权为民的权力观，一丝一毫都不能私用！

坚持公权为民的权力观，就是要坚持权力来自人民的观点。毛泽东同志指出："我们的权力是谁给的？是工人阶级给的，是贫下中农给的，是占人口百分之九十以上的广大劳动群众给的。"[①]"我们一切工作干部，不论职位高低，都是人民的勤务员，我们所做的一切，都是为人民服务。"[②]我国是社会主义国家，人民是国家的主人，国家的一切权力属于人民。领导干部手中的权力是人民赋予的，是党代表人民执掌政权的一部分。领导干部必须以党和人民的需要来决定自己对权力的取舍，能上能下，能进能退，一切服从党和人民的安排。

---

① 中共中央文献研究室：《建国以来毛泽东文稿》第12册，中央文献出版社1998年版，第581页。

② 《毛泽东文集》第3卷，人民出版社1996年版，第243页。

坚持公权为民的权力观，就是要坚持领导就是服务、权力就是责任的观点。邓小平同志指出：“什么叫领导？领导就是服务。”[①] 对共产党人来讲，权力就是服务的工具。领导干部必须运用人民赋予的权力，为国家的安全和富强服务，为社会的稳定和进步服务，为人民群众的幸福和安宁服务。领导干部的权力与责任是对等的，有多大的权力，就要负多大的责任。

坚持公权为民的权力观，就是要坚持权力必须接受监督的观点。用权受监督，这是现代民主政治的一个重要法则。权力不受制约和监督，必然导致滥用和腐败；干部不受监督和约束，迟早要出问题。加强对权力的制约和监督，是社会主义民主政治建设的重要任务。作为领导干部，既要为人民掌好权、用好权，又必须自觉地接受党和人民群众的监督。剖析近年来一些领导干部违法犯罪的原因，其中一个很重要的方面，就是在权力观上出现了问题。他们把人民赋予的权力私有化、商品化，以权谋私，腐化堕落，最终走向人民的对立面。因此，坚持公权为民的权力观，是领导干部必须高度重视并认真解决的一个问题。

坚持公权为民的权力观，最根本的是要解决好始终保持同人民群众血肉联系的问题。人民群众是历史的创造者，是真正的英雄。一切为了群众，一切依靠群众，与人民群众始终保持最密切的联系，是我们党的优良传统和根本政治优势。坚持公权为民的权力观，就是要从思想深处解决好为谁掌权、为谁服务、对谁负责的问题。领导干部手中的权力是人民给的，必须用来为人民服务，绝不能用来为个人或少数人牟取私利，真正做到权为民所

---

① 《邓小平文选》第 3 卷，人民出版社 1993 年版，第 121 页。

用、情为民所系、利为民所谋，切实实现好、维护好、发展好最广大人民群众的根本利益。要牢记全心全意为人民服务的根本宗旨。人民群众是国家的主人，是各级领导干部的衣食父母，党员干部是人民的公仆，这个关系在任何时候、任何情况下都不能颠倒。如果颠倒了，就意味着开始脱离群众，最终为人民所抛弃。

坚持公权为民的权力观，必须深化领导干部廉洁自律工作。党是整个社会的表率，党的各级领导干部又是全党的表率，必须时时处处严格要求自己。一是慎权。权力是把“双刃剑”，既可以使人高尚，以权兴业，因权扬名；也可以使人堕落，以权谋私，因权败身。面对权力的诱惑，从公仆到贪官，从功臣到罪犯，从座上宾到阶下囚，往往只是一步之遥、一念之差。因此，领导干部一定要正确对待个人得失，坚持党和人民的利益高于一切，吃苦在前，享乐在后，先天下之忧而忧，后天下之乐而乐，特别是在拥有权力的时候，不要忘记自己的责任；在行使权力的时候，不要忘记党的宗旨；在感受到权力带来某些便利的时候，不要忘记人民群众的监督。二是自律。领导干部要心存敬畏，不要心存侥幸，时刻保持清醒的头脑和平静的心态，常思贪欲之害，常怀律己之心，常排非分之念，常修为官之德。要耐得住清贫，经得起考验，不为私利所为，不为金钱所诱，不为享乐所惑，不为美色所动，始终保持共产党人的浩然正气和昂扬锐气。三是带头树立好家风。古人讲，修身、齐家、治国、平天下。没有一个廉洁的家庭，很难有一个廉洁的领导干部。作为领导干部，不仅要以身作则，严格要求自己，而且要从严治家，管好家属子女，防止他们利用自身的权力和影响牟取私利。

坚持公权为民的权力观，必须强化干部监督工作。党管干部，不仅要管好干部的选拔任用，而且要管好干部的思想和作风；不仅要管好干部的工作圈，而且也要管好干部的生活圈和社交圈，切实保证党的各级干部为人民执好政、用好权。作为领导干部，要强化监督意识，正确认识和对待监督，把监督作为一种信任、一种爱护、一种净化，坚决克服“不让监督”“权威受损”的心态。各级领导班子要切实负起监督的责任，在班子成员之间形成讲党性、讲原则的同志关系，该提醒的及时提醒，该批评的及时批评，该制止的及时制止，绝不能一团和气，息事宁人，回避和掩盖矛盾。要积极推行政务公开，提高权力运行的透明度，防止权力无为、滥用和私用。要针对容易出现滥用权力的薄弱环节，建立结构合理、配置科学、程序严密、制约有效的权力运行机制，保证权力沿着制度化和法制化的轨道运行，这是防止以权谋私的根本举措。

坚持公权为民的权力观，必须增强领导干部的法制观念。权力运行过程中严格的法定程序，是现代民主政治的一个重要特征。依法治国是我们党领导人民治理国家的基本方略，依法行政是社会主义市场经济的客观需要，也是社会文明进步的重要标志。各级领导干部要增强法制意识，依法行政，有法必依，执法必严，克服各种以唯意志论为特征的“长官意志”，保证依法行政落到实处。

# 不做假好人

人无高低贵贱之分，但品行有好坏优劣之别。品行好的人，时时不忘自己的使命、责任和担当，从里到外，从思想深处、灵魂旮旯到一言一行、一举一动，处处都洋溢着向上向善的正能量，他们是社会主义核心价值观的践行者、新时代新风尚的引领者、干事创业的示范者，是以德为邻的真君子、与善相伴的真好人。品行不好的人，有的光天化日之下明火执仗、无恶不作，有的则贴着好人的标签，干着坏人的勾当，一旦条件成熟、机会来临，便在那里兴风作浪；前者属于真坏人，后者属于假好人。

真坏人不可怕，可怕的是假好人。真坏人就像“秃子头上的虱子——藏不住”，其斑斑劣迹，人所共知，人见人恨，时时有人提防，就算真“坏”起来也不会有多大的杀伤力、破坏力，而且真坏人越是有能量，与其抗衡的力量往往也越强大，最终成不了气候、坏不了大事。假好人就不同了。假好人善于伪装，善于要手腕、使阴招，总是当面一套背后一套、会上一套会后一套、台上一套台下一套，让人难识庐山真面目，一旦真“坏”起来，其杀伤力、破坏力比真坏人要大得多。

假好人说到底就是彻头彻尾的真坏人。纵观古今，横看中外，假好人有的是，也多的是。周永康、薄熙来、郭伯雄、徐才厚、孙政才、令计划等就是混进党内、军内的假好人。他们背弃初心，背弃宗旨，背弃信仰，政治野心膨胀，恶欲横生，“口言善，身行恶”(《荀子·大略》)，明里喊马列主义、共产主义，暗里搞自由主义、山头主义，拉帮结派，朋党比周，无所不用其极，给党的形象和党的事业造成极大损害。

识别真坏人易，分清假好人难。在利益攸关的公私之间、急难险重的关键时刻，最能彰显一个人的灵魂和本色，也最容易区分一个人的品行之优劣。不做假好人，既需要个人不断加强道德修养、党性锻炼和政治历练，进一步坚定理想信念，坚守共产党人的精神家园和价值追求，更加自觉地按照社会主义核心价值观的要求做人、按照党的纪律和规矩做事、按照忠诚干净担当的要求做官，更需要在创新体制机制上下功夫，努力形成让真坏人难得逞、假好人难藏身、真好人有好报的制度环境。

## 眼高，更要手高

“眼高手低”语出明末清初思想家陈确《与吴仲木书》：“譬操觚家一味研穷休理，不轻下笔，终是眼高手代，鲜能入彀。”通常是指要求的标准很高，但实际上往往自己也做不到。青年干部年富力强、思想活跃、视野开阔，理论功底厚实，知识水平较高，有理想、有抱负、有做好工作的强烈愿望，这是其他年龄段的干部无法比拟的优点、优势和优越之处。但也正因为年轻，阅历不足、经验不足、磨炼不足，工作起来往往心浮气躁，大事做不好，小事不屑做，这是一种典型的眼高手低“综合征”。眼高手低是青年干部成长进步路上的一大障碍。

青年干部是党的干部队伍中最具朝气、生机和活力的群体，是进行伟大斗争、建设伟大工程、推进伟大事业、实现伟大梦想的生力军和突击队。作为青年干部，不仅要有当将军的志向，更要有一个好士兵的担当。要甘当配角、甘居人后、甘为人梯，乐于扮演“跑龙套”的角色，无论所从事的工作多么琐碎细小、多么枯燥乏味、多么不引人关注，都要尽到自己最大的努力，让每一件事情、每一项工作，都代表自己的最高水平，体现自己的最好风格，真正经得起实践的检验、人民的检验和历史的检验。《习近平的七年知青岁月》一书记载着一个“随娃”放羊的故事：1973 年，习近平从原来的文安驿公社梁家河大队来到冯家坪公社赵家河大队驻队，赵家河有个农民叫武刚文，小名“随娃”，和习近平关系很好，是一个精明能干的好后生。本来放羊这个活儿技术含量不高，但他干得就比别人好，他把这些羊训练得非常听话。他放的羊，只吃地上的野草和那些散落在地里的豆粒和糜谷穗子，即使赶着羊群从庄稼地旁走过，哪只羊也不敢吃一口庄稼[①]。对此，接受采访的曹谷溪老人颇有感触地说：“一定不要轻视工作中的那些小事。做大事的人，都是从全心全意做好一件件小事中成长起来的，而人的情操也是从这些看似平凡的小

---

① 中央党校采访实录编辑室：《习近平的七年知青岁月》，中共中央党校出版社 2017 年版，第 287、318 页。

事中培养起来的。”[①]其言可谓精辟至极。著名表演艺术家葛存壮，在多年的演艺生涯中，不仅用精彩的演技塑造了众多经典的反面角色，为广大观众所熟知，而且凭借着不管角色大小都要认真演好的执着精神，赢得了观众的喜爱，可谓是“一生龙套，终成戏骨”。

“天下难事，必作于易；天下大事，必作于细。”（《道德经》第六十三章）青年干部做事，必须在战略上胸怀大局、志存高远、勇于进取，在战术上则要稳扎稳打、步步为营、久久为功；不仅需要“悬梁刺股、秉烛达旦”的勤奋与努力，更需要“水滴石穿、绳锯木断”的执着与耐心。要正确对待一时、一事的成败得失，处优而不养尊、受挫而不短志、临难而不退却，使顺境逆境都成为丰富人生的财富。第一位获得诺贝尔科学奖的中国本土科学家屠呦呦，1955 年大学毕业后，分配到卫生部直属的中医研究院工作。1967 年 5 月 23 日，我国紧急启动“疟疾防治药物研究工作协作”项目，代号为“523”，60 多个单位的 500 多名科研人员组成了研发大军。1969 年，屠呦呦临危受命，担任“523”项目中医研究院科研组长。其间经过反复多次的实验和一次又一次的失败，终于在 1971 年 10 月 4 日，从黄花蒿中发现抗疟有效提取物，1972 年成功提取到了一种后来被命名为“青蒿素”的无色结晶体。2004 年 5 月，世卫组织正式将青蒿素复方药物列为治疗疟疾的首选药物。这种被称为“中国神药”的青蒿素一经问世，便在世界各地显示奇效，先后挽救了全球特别是发

---

① 中央党校采访实录编辑室:《习近平的七年知青岁月》，中共中央党校出版社 2017 年版，第 332 页。

展中国家数百万人的生命，展现了“一株小草改变世界”的中医药魅力。从1969年着手研究到2015年喜获“诺奖”，前后是46年的漫长历程。46年潜心研究，46年默默无闻，这需要一种耐得住寂寞的精神，更需要一种把基础打牢、把小事做好的认真和专注。

我国著名建筑学家、教育家梁思成先生曾经说过：“学什么都要眼高手高。”眼高是一种境界、一种标准、一种内在的潜能，体现的是一种认识、思维能力；手高是一种踏实做事的态度、一种勤勉务实的作风、一种事不拒细小的认真，体现的是一种行动、落实能力。眼高是手高的前提，手高是眼高的体现；眼低手高的人格局小，眼高手低的人成事难。青年干部必须要有“泰山不让土壤，河海不择细流”的豁达心态，从点滴做起、从最不起眼的小事做起，即使像“随娃”那样去放羊，也要成为最好的一个。只有这样，才能积小胜为大胜，积跬步致千里，在平凡的工作中干出不平凡的业绩，从而获得认可、赢得信任、博得尊重。

# 树立正确的政绩观

政绩是领导干部在履行职责中所取得的工作成绩，是干部德才素质的外在体现，也是选拔任用干部的重要依据。化解矛盾、解决问题是政绩，深化改革、推动发展是政绩，为后任打下良好基础、留下优良作风也是政绩。政绩的背后，是领导干部的党性观念、宗旨意识、为民情怀、作风素质和能力水平。大凡担任一定领导职务的干部，都会追求政绩；这种对政绩的追求，正是领导干部成就事业、造福于民的内在动力。领导干部对政绩的认识和理解不同，追求政绩的动机和目的不同，就形成了不同的政绩观。不同的人会有不同的政绩观，而不同的政绩观又会导致不同的领导行为。可以说，政绩观决定着政绩的“成色”和价值。因此，作为领导干部，能不能树立正确的政绩观，能不能从思想深处解决好什么是政绩、创造什么样的政绩、怎样创造政绩的问题，不仅会影响到一个地方、一个领域的发展，也会影响到一个干部、一届班子、一支队伍的健康成长，影响到党和政府在人民群众心目中的形象。

党的十九大报告中指出：“中国共产党人的初心和使命，就是为中国人民谋幸福，为中华民族谋复兴。”[①]“人民幸福、民族复兴”就是共产党人孜孜以求的政绩。树立正确的政绩观，必须始终坚持以人民为中心的发展思想。如果把政绩看作领导干部生产的“产品”，人民就是这种“产品”的需求者。“治国有常，而利民为本。”[②] 人民是历史的创造者，也是领导干部权力的赋予者，我们所做的一切都是为了人民。作为领导干部，必须始终把人民放在心中最高位置，永远把人民对美好生活的向往作为奋斗目标，以永不懈怠的精神状态和一往无前的奋斗姿态，立足本职，苦干实干，不驰于空想、不骛于虚声，在统筹推进“五位一体”总体布局、协调推进“四个全面”战略布局进程中，不断增强人民群众的获得感、幸福感、安全感。

树立正确的政绩观，必须始终坚持在大局下行动。习近平总书记指出：“真正的政绩是‘为官一任、造福一方’的实绩，是经得起群众、实践和历史检验的实绩。”[③] 只有符合整体利益、长远利益的政绩才是党和人民需要的政绩。领导干部为官一任、执政一方，必须妥善处理眼前利益与长远利益、局部利益与整体利益的关系，自觉把本地区、本部门的工作放到大局中去审视、去谋划、去推进，努力做到纵观长远，而不局限于一时；横看全局，而不拘泥于一地。要把个人的成长进步与党和人民的事业紧密联系起来，以“功成不必在我”的大境界和“建功必须有

---

① 习近平：《决胜全面建成小康社会　夺取新时代中国特色社会主义伟大胜利——在中国共产党第十九次全国代表大会上的报告》，《人民日报》2017 年 10 月 28 日。

② （战国）文子：《文子·上义》，见人民日报评论部：《习近平用典》第 2 辑，人民日报出版社 2018 年版，第 20 页。

③ 习近平：《干在实处　走在前列》，中共中央党校出版社 2006 年版，第 414 页。

我”的真担当，脚踏实地、一步一个脚印地做好眼前的工作，决不能让今天的“政绩”成为明天的“包袱”。现实生活中，一些领导干部不是从党和国家事业发展的全局出发，而是把工作的出发点放在贪图名利、制造轰动效应、创造所谓“个人政绩”上，其乱作为往往比不作为更可怕；乱作为的“政绩”愈多，危害愈甚。

树立正确的政绩观，必须发扬求真务实的作风。列宁历来强调:“少讲空话，多做实事。”[①] 习近平总书记也曾指出:“给人民群众带来实惠的政绩，是脚踏实地、埋头苦干出来的。”[②] 政绩源于实干，需要求真务实的作风。求真务实，是一种科学的思维方法、一种扎实的工作态度、一种优良的工作作风。发扬求真务实的作风，就是要坚持抓好发展与关注民生的结合、对上负责与对下负责的结合、立足当前与着眼长远的结合、局部利益与整体利益的结合，就是要始终做老实人、说老实话、干老实事，以绝对忠诚的政治品格对党，以真诚火热的赤子之心为民，以燕子垒窝的恒劲、蚂蚁啃骨的韧劲、老牛爬坡的拼劲担当作为，一张蓝图绘到底，一茬接着一茬干，不贪一时之功，不图一时之名，不逞一时之能，努力按客观规律办事，办实实在在的事，坚决反对形式主义、官僚主义，努力创造出经得起实践和历史检验、人民认可的政绩。在福建省东山县，“先祭谷公，后祭祖宗”，相沿成习，逢年过节，人们会阖家祭拜他们最敬重的县委书记谷文昌。就是因为他在任时凭着求真务实的作风，带领当地干部群众通过十

---

① 《列宁选集》第 3 卷，人民出版社 2012 年版，第 464 页。

② 习近平:《干在实处　走在前列》，中共中央党校出版社 2006 年版，第 414 页。

几年的努力，在沿海建成了一道惠及子孙后代的防护林，在老百姓心中树起了一座不朽的丰碑。昔日的东山县，“沙滩无草光溜溜，风沙无情田屋休”。当时，一年6级以上大风天多达150多天，森林覆盖率仅为0.12%。1949年，谷文昌从家乡河南林县随军南下至福建，在东山县工作了14年，担任县委书记10年。他以“不治服风沙，就让风沙把我埋掉”的胆魄，率领东山人民苦战十几载，遍植木麻黄，筑起绿色长城，硬是治服了“神仙都难治”的风沙，让海岛换了天地，让百姓换了人间。

树立正确的政绩观，必须建立科学的政绩考核评价机制。习近平总书记指出：“要抓紧建立和完善科学的干部政绩考核体系、考核标准和奖惩制度，使勤政为民、求真务实的干部得到褒奖，使好大喜功、弄虚作假的干部受到惩戒。”[①] 考核评价机制具有导向作用。政绩怎么“考”，干部怎么“干”。政绩有两种表现形式，一种是有形的、看得见摸得着的成果，另一种是无形的、经常性基础性的工作。有形的政绩属于“显绩”；无形的政绩属于“潜绩”。在领导工作实践中，“显绩”往往受人关注，“潜绩”则少有人知，而大量的工作往往都是一些作铺垫、打基础、利长远的“潜绩”。更为重要的是，有的干部甘为人梯，长期铺垫，做打基础的工作，收获的时候他却走了；有的干部“十月怀胎”时他不在，“一朝分娩”时他来了。所以，对干部的考察、对政绩的考核，必须客观、全面、公正，既要看有形的“显绩”，也要看无形的“潜绩”；既要看政治素质硬不硬，也要看干事的本领强不强；既要看经济的增长率，也要看发

① 习近平：《干在实处　走在前列》，中共中央党校出版社2006年版，第414页。

展的“绿色度”与社会的“和谐度”；既要看近期效果，也要看长远利益；既要看政绩大小，也要看取得政绩的动机、目的和手段。通过对政绩科学、客观的考核、评价，全面把握领导干部的德才与绩效，进而促使领导干部更好地干当前、想长远，打基础、增后劲，一心一意把事情办好，让自己的政绩真正成为党和人民事业的一部分，更好地满足人民日益增长的美好生活需要。

## 有付出才会有回报

有付出不一定有回报，但有回报一定得有付出。

有人说，人不是死于疾病，而是死于无知；不是死于劳累，而是死于安逸，这是很有道理的。视工作为乐趣，人生就是天堂；视工作为痛苦，人生就是地狱。

不要在本该奋斗的时候，选择了放弃；不要在本该拼搏的时候，选择了安逸；不要在本该坚定的时候，选择了动摇；不要在本该冲锋的时候，选择了退缩。不然的话，你这一生注定会碌碌无为。

多一点忙碌、多一点劳累、多一点付出、多一点奉献，对自己、对事业、对社会都有好处。

## 要做愚公，不要做叶公

《列子·汤问》中“愚公移山”的故事、西汉刘向《新序·杂事五》中“叶公好龙”的故事大家都不陌生。相传年近九旬的愚公，因苦于门前太行、王屋两座大山挡着了出路，阻碍了与外界的交流，便立志要铲平这两座山。他们终日劈山运土，往返于渤海和太行之间，常年不息。有个叫智叟的老翁讥笑愚公“愚蠢”。愚公对智叟说:“虽我之死，有子存焉。子又生孙，孙又生子；子又有子，子又有孙；子子孙孙，无穷匮也；而山不加增，何苦而不平？”他们终日挖山不止的精神感动了上帝，上帝派了两个神仙下凡，把两座山背走了。愚公移山精神，体现的是一种敢想敢干、雷厉风行的工作作风，是一种敢在困难面前逞英雄、不达目的不罢休的坚强意志，是一种一盘棋、一条心、一股劲的团队意识。而春秋时期的叶公，非常喜欢龙，“钩以写龙，凿以写龙，屋室雕文以写龙”。天上的真龙听说了，就从天上下来，龙头从窗户探进来，龙尾拖在厅堂里。叶公一见，转身就跑，吓得魂不附体，脸色都变了。由此看来，叶公并不是真的喜欢龙，他当面一套背后一套，只是做做表面文章而已。两个故事，涉及愚公、智叟、叶公三个人物。不难看出，愚公不愚、智叟不智，愚公很实、叶公很虚。作为领导干部，要像愚公那样，立足本职、脚踏实地，知难而进、迎难而上，不达目的决不罢休。不要学智叟，自作聪明；更不要学叶公，口是心非、表里不一，典型的“双面人”。

## 当官，就别想发财

官、商本来就是两条道上跑的车，当官就不要想发财，想发财就不要去当官。

中国共产党之所以深受人民拥戴，就是因为她是中国最广大人民根本利益的代表。她们中的一代又一代人忠实地实践着全心全意为人民服务的根本宗旨。联合国一位官员在解释周总理去世联合国为什么下半旗时说：“他的国家金银财宝不计其数，可是他们的总理在国外银行没有一分钱存款；他的国家有十多亿人口，可是他们的总理没有一个孩子。”德高望重的陈云同志，为中国人民的自由、幸福贡献了毕生精力和整个生命，几十年如一日，始终以清贫为乐，临终只留下了三卷《陈云文选》。人们熟知的县委书记的好榜样焦裕禄，身患重病，不要组织上配给的特供食品，坚持与家人一起啃黑窝窝头。领导干部的楷模孔繁森，为了救助藏族孤儿和老人，不惜悄悄地献出自己殷红的血液；牺牲后，在他的遗物清单上，最贵重的物品只有一个100多元钱的袖珍收录机、一个不到500元的存折和8.6元的现金[1]，这就是一个地级干部的全部积蓄！正是有了党的各级干部的无私奉献，才有了中华人民共和国的今天、人民的今天。

不可否认，在我们党的队伍中，也确有一些披着“人民公仆”外衣的人。他们面对金钱、美色的诱惑，守不住思想上的防线，最终走向了人民的对立面。也许在从政之初，他们并没有想到要“栽”在物欲的关隘面前，但随着地位的提升、权力的增大，个人私欲也不断膨胀，不知不觉地丢弃了信念中那些高尚的东西。由对某些不合理的现象愤愤不平，到收受一点“小意思”；由一两次侥幸过关，到肆无忌惮地索取；由松动自己绷紧的心弦，到洞开贪欲的闸门……最终陷入泥潭而不能自拔。直到伸出的手被捉住，才后悔，才真切地感受到：还是清贫一点好！

当官，就别想发财！选择了当官，就选择了清廉，就要坚守清贫。如果总觉得当官不合算，劝君还是尽快改弦易辙，辞职去经商搞实业。如果既想当官又想发财，以权谋私，贪污受贿，迟早要被绳之以法。

---

① 中共山东省委组织部、中共山东省委宣传部：《时期党员干部的楷模——记山东省援藏干部孔繁森》，山东文艺出版社 1995 年版，第 29 页。

# 幸福都是奋斗出来的

习近平总书记在2018年新年贺词中指出，“幸福都是奋斗出来的”[①]；在春节团拜会上又进一步指出，“新时代是奋斗者的时代”“奋斗本身就是一种幸福”[②]；在十三届全国人大一次会议闭幕会上再次强调，“中国人民自古就明白，世界上没有坐享其成的好事，要幸福就要奋斗”[③]。这些充满真情、富有哲理、饱含意蕴的话语，就像春风拂面、雨润心田，必将激励全党全国各族人民以更加昂扬的精神状态和一往无前的奋斗姿态，为决胜全面建成小康社会、夺取新时代中国特色社会主义伟大胜利而努力奋斗。

“名不可简而成也，誉不可巧而立也。”(《墨子·修身》) 一切伟大的事业都需要在奋斗中推进，一切伟大的梦想都需要在奋斗中实现。人生因奋斗而赢，事业因奋斗而成，梦想因奋斗而圆。奋斗——为中国人民幸福而奋斗，为中华民族复兴而奋斗，为世界和平与发展而奋斗——是人生最厚重的底色，也是人生最出彩

---

① 《国家主席习近平发表二〇一八年新年贺词》,《人民日报》2018年1月1日。

② 习近平:《在2018年春节团拜会上的讲话》,《人民日报》2018年2月15日。

③ 习近平:《在第十三届全国人民代表大会第一次会议上的讲话》,《人民日报》2018年3月21日。

的选择，更是中国共产党人永恒的姿态和不变的初心。

回望来时路，勤劳、智慧的中国人民在党的领导下，不怕牺牲、不怕困难，不畏强敌，进行艰苦卓绝的抗争，近代以来久经磨难的中华民族实现了从站起来、富起来到强起来的历史性飞跃，迎来了实现伟大复兴的光明前景；千千万万的奋斗者，把自己融入奋进的潮流中，用汗水浇灌幸福之树，用奋斗定义人生价值。

一部人类社会发展史，就是一部从野蛮走向文明的奋斗史。人类社会取得的所有物质文明、政治文明、精神文明、社会文明和生态文明成果，都是不懈奋斗的结果。一部中国共产党的历史，就是一部党领导人民在苦难中觉醒、在挫折中抗争、在奋斗中走向辉煌的历史。在中国逐渐沦为半殖民地半封建社会后，为改变苦难深重的命运，中国人民前赴后继，进行了各种各样的尝试和千辛万苦、可歌可泣的抗争，其中展现出来的接续奋斗的精神牢牢地镌刻在中华民族的历史丰碑上。中国共产党的诞生，使中国人民谋求民族独立、人民解放和国家富强、人民幸福的奋斗有了主心骨，中国人民就从精神上由被动转为主动。中国共产党带领中国人民实现了中华民族由不断衰落到根本扭转命运，不断走向繁荣富强的伟大飞跃。波澜壮阔的历史告诉人们，中华民族走过的历程，是中国人民用鲜血、汗水奋斗出来的，充满着苦难和辉煌、曲折和胜利，在不懈奋斗中创造了彪炳史册的伟业，推动了历史进步。

奋斗是艰辛的，需要“明知山有虎，偏向虎山行”的勇气和闯劲。“艰难困苦，玉汝于成”，这是不变的规律。新时代，机遇前所未有，挑战前所未有。面对新挑战，必须要有“越是艰险越向前”的英雄气概和“狭路相逢勇者胜”的斗争精神，必须以奋发有为的进取心态、永不懈怠的精神状态和一往无前的奋斗姿态，坚持敢闯敢试、先行先试，不断强化敢于担当和敢于负责的勇气和意识，勇于在艰苦奋斗中净化灵魂、磨砺意志、坚定信念。担当是一种负责精神，也是一种勇为行动；担当是一种务实作风，也是一种进取意识。大量事实表明，领导干部只有勇于担当、敢于作为、不断进击，才能凝聚人心、鼓舞斗志、带动群众，从险境中找到出路、在困难中找到办法、于无望中创造可能，使工作难中求进、危中显生，不断开创新局面。

千里之行，始于足下。改革开放是决定当代中国命运的关键一招，是前无古人的历史伟业，必须一代又一代人接力干下去。改革面临的矛盾越多、难度越大，越要有“明知山有虎，偏向虎山行”的勇气和闯劲。全面深化改革，啃硬骨头、涉险滩，尤其要牢固树立进取意识、机遇意识、责任意识，善于用改革的勇气、改革的精神、改革的办法破解改革的难题。2017 年，湖北省武汉市提出“要统筹用好狮子型干部和老黄牛型干部”。“老黄牛”自不必说指的是踏实肯干的奋斗者，而狮子型干部更因着敢打敢拼受到更多媒体关注。为什么时代会呼唤这两种类型的干部？40 年的改革发展之路，好过的关卡都过了，剩下则有许多“腊子口”需要征服、许多“娄山关”需要攻克，可谓“道阻且长”。这种情势下，奋斗就不仅仅需要有“一步一个脚印”的老黄牛精神，更需要忠诚干净、思想解放、思路开阔、敢打敢拼、敢于担当的狮子型干部。唯有如此，方能使奋斗既有“脚步”，又有“远方”。

“雄关漫道真如铁，而今迈步从头越。”面对前进道路上的坡和坎、关和险，必须加满油、把稳舵、鼓足劲，始终保持奋斗者的姿态，始终“保持过去革命战争时期的那么一股劲，那么一股革命热情，那么一种拼命精神”[①]，越是在困难的时候，越要看到成绩，看到光明，提高我们的勇气，努力在奋斗中净化灵魂、升华境界，磨砺意志、坚定信念，把党领导人民奋斗了97年的伟大事业继续推向前进，不因胜利而骄傲，不因成就而懈怠，不因困难而退缩，让中国共产党在新时代展现出更加成熟、更有魅力的大党形象，让中国特色社会主义展现出更加强大、更有说服力的真理力量，让人民群众过上更加体面、更有尊严、更有获得感幸福感安全感的美好生活。

奋斗是长期的，需要“功成不必在我，建功必须有我”的大境界、真担当。“前人栽树，后人乘凉”，这是历史的逻辑。伟大事业源于伟大梦想，成于不懈奋斗。2018年3月8日上午，习近平总书记参加十三届全国人大一次会议山东代表团审议时说，“功成不必在我”，不是消极、怠政、不作为，而是要牢固树立正确政绩观，既要做让人民群众看得见、摸得着、得实惠的实事，也要做为后人做铺垫、打基础、利长远的好事，既要做显绩，也要做潜绩。不计较个人功名，追求人民群众的好口碑、经过历史沉淀后真正的评价。实现中华民族伟大复兴的中国梦，需要几代人前赴后继、接续奋斗。这就要求我们必须保持战略定力和历史耐心，戒骄戒躁。“功成不必在我”并不是说功成不需要我，不能因为暂时看不出自己的功劳就消极应付、怠政不为。衡量事业是否成功的标准不是表面上下了多少功夫，外表多么花哨，而是看

① 《毛泽东文集》第7卷，人民出版社1999年版，第285页。

所作所为是否符合人民群众的根本利益和长远利益。我们既要以“功成不必在我”的心态面对当下任务，又要有“建功必须有我”的决心落实既定目标；既要有长远规划，又要围绕长远目标苦干实干，一步一个脚印把中华民族伟大复兴的巨轮推向前进。

奋斗是一个过程，不可能一蹴而就。1939年5月30日，毛泽东同志在延安庆贺模范青年大会上指出，“什么是模范青年？就是要有永久奋斗这一条”“奋斗到什么程度呢？要奋斗到五年，十年，四十年，五十年，甚至到六十年，七十年，总之一句话，要奋斗到死，没有死就还没有达到永久奋斗的目标”“永久奋斗，就是要奋斗到死”[①]。纵观历史，一个民族的伟大复兴，不是一个人、也不是少数人就能完成的，需要全民族的觉醒，需要千千万万人的参与；一项伟大的事业，不可能唾手可得，需要穷尽一生的努力，需要几代人、十几代人、几十代人不忘初心、牢记使命，肩扛责任、持续奋斗。作为中国共产党人，必须时时铭记“为人民谋幸福、为民族谋复兴”的责任担当，时时保持“朝受命、夕饮冰，昼无为、夜难寐”的革命斗志，不驰于空想，不骛于虚声，始终坚持把人民对美好生活的向往作为自己的奋斗目标和价值追求，始终高扬奋斗的旗帜、奉献的旗帜，始终为人民不懈奋斗、同人民一起奋斗，切实把中国人民所具有的伟大奋斗精神贯彻到进行伟大斗争、建设伟大工程、推进伟大事业、实现伟大梦想全过程，形成竞相奋斗、团结奋斗的生动局面。

奋斗是曲折的，需要“为有牺牲多壮志，敢教日月换新天”

① 《毛泽东文集》第2卷，人民出版社1993年版，第190—191页。

的豪情和执着。“要奋斗就会有牺牲，死人的事是经常发生的”[①]，这是毛泽东同志的谆谆教诲。在中国特色社会主义新时代，“死人的事”不会经常发生了，但牺牲个人利益、局部利益的事“是经常发生的”；新的征程上，难免会有“山重水复疑无路”的困惑和“枯松倒挂倚绝壁”的险境。山再高，往上攀，总能登顶；路再长，走下去，定能到达；境再险，不畏惧，就能战胜。诚如习近平总书记所言：“中华民族伟大复兴，绝不是轻轻松松、敲锣打鼓就能实现的。”[②]“名不徒生，而誉不自长。”离开奋斗，没有付出，再美好的蓝图也不过是镜花水月。

县委书记的好榜样焦裕禄同志，面对兰考自然灾害的肆虐和贫苦落后的实际，不等不靠，带领全县人民自力更生、艰苦奋斗、奋力拼搏、自强不息。他说：“我们要有革命的胆略，坚决领导全县人民苦战三五年，改变兰考的面貌，不达目的、死不瞑目。”他是这样说的，更是这样做的。他在兰考工作的两年多的时间里，带领干部群众大力治理风沙、内涝、盐碱“三害”，亲自种植泡桐树，以满腔的热情和实际行动谱写了一曲改天换地的英雄壮歌。

作为共产党人，必须要有“乐牺牲吾身与汝身之福利，为天下人谋永福”的家国情怀和不达目的不罢休的坚韧与执着，始终保持“乱云飞渡仍从容”的战略定力，牢固树立“四个意识”，坚定“四个自信”，做到“四个服从”，自觉维护习近平总书记党

---

① 《毛泽东选集》第 3 卷，人民出版社 1991 年版，第 1005 页。

② 习近平：《决胜全面建成小康社会　夺取新时代中国特色社会主义伟大胜利——在中国共产党第十九次全国代表大会上的报告》，《人民日报》2017 年 10 月 28 日。

中央的核心、全党的核心地位，维护党中央权威和集中统一领导，依靠全党全国各族人民的智慧和力量，推动中华民族伟大复兴的巨轮乘风破浪、胜利驶向光辉的彼岸。

新时代催生新思想，新思想引领新时代。新时代属于每一个人，每一个人都是新时代的见证者、开创者、建设者。1835 年 8 月 12 日，17 岁的马克思在《青年在选择职业时的考虑》一文中说过："历史承认那些为共同目标劳动因而自己变得高尚的人是伟大人物；经常赞美那些为大多数人带来幸福的人是最幸福的人。"① 奋斗是亘古不变的时代底色，任何时候，奋斗的精神都不能丢，奋斗的脚步都不能停。奋斗者是精神最为富足的人，也是最懂得幸福、最享受幸福的人。共产党人就是这样的人，他们是"永久奋斗"者，是"为大多数人带来幸福的人"，因而也是新时代"最幸福的人"。

新时代呼唤只争朝夕的奋斗者。唯有不忘初心，牢记使命，永不停下奋斗的脚步，才能踏准时代节拍、拥抱变化，赢得更多出彩的机会。向往更加美好生活的我们，唯有永葆艰苦奋斗的精神气质，才能成就个人梦想，在奋斗中收获幸福、品味幸福。

---

① 《马克思恩格斯全集》第 40 卷，人民出版社 1982 年版，第 7 页。

# 当好新时代的答卷人

习近平总书记指出："时代是出卷人，我们是答卷人，人民是阅卷人。"[①]这是对全党同志"不忘初心，牢记使命"的殷殷嘱托，也是对人民、对这个伟大时代的庄严承诺。

当好新时代的答卷人，必须牢记初心、牢记使命、牢记宗旨。党的十九大报告指出："中国共产党人的初心和使命，就是为中国人民谋幸福，为中华民族谋复兴。"[②]答好时代答卷，必须牢固树立以人民为中心的历史唯物主义观点，把人民对美好生活的向往作为矢志不渝的奋斗目标，始终把人民当先生、当主人、当阅卷人。在重要会议召开之前、重要文件颁发之前、重大决策决定之前，都要广察民情、广纳民意、广聚民智，使我们所做的每一项工作、每一件事情都始终为了"阅卷人"、依靠"阅卷人"，更加充分地体现"阅卷人"的意志，更加广泛地代表"阅卷人"的利益，最大限度地让"阅卷人"满意。这不仅是一种工作方法

① 《习近平在学习贯彻党的十九大精神研讨班开班式上发表重要讲话强调，以时不我待只争朝夕的精神投入工作，开创新时代中国特色社会主义事业新局面》，《人民日报》2018 年 1 月 6 日。

② 习近平：《决胜全面建成小康社会　夺取新时代中国特色社会主义伟大胜利——在中国共产党第十九次全国代表大会上的报告》，《人民日报》2017 年 10 月 28 日。

问题，更是对人民群众的立场问题、感情问题、态度问题，是把新时代中国特色社会主义事业推向前进的重大政治问题。

当好新时代的答卷人，必须保持革命精神、革命斗志。习近平总书记指出："不忘初心，牢记使命，就不要忘记我们是共产党人，我们是革命者，不要丧失了革命精神。"[①] 革命精神就是勇于探索、勇于实践的开拓精神，不畏艰险、坚韧不拔的奋斗精神，鞠躬尽瘁、死而后已的献身精神。战争年代，中国共产党领导人民以大无畏的革命精神，通过武装斗争夺取政权，建立了新中国。在中国特色社会主义新时代，面对需要跨越的"雪山""草地"，面对需要征服的"娄山关""腊子口"，同样需要发扬革命精神，继续"保持过去革命战争时期的那么一股劲，那么一股革命热情，那么一种拼命精神"[②]，做一个越是艰险越向前的革命者，坚定不移把党领导人民进行了 97 年的伟大社会革命继续推进下去，不因胜利而骄傲，不因成就而懈怠，不因困难而退缩，让中国特色社会主义在新时代展现出更加强大、更有说服力的真理力量，让"阅卷人"在党领导的伟大社会革命中不断提升获得感、幸福感、安全感。

当好新时代的答卷人，必须善于从习近平新时代中国特色社会主义思想中寻找答案。习近平新时代中国特色社会主义思想是马克思主义中国化的最新成果，是党和人民实践经验和集体智慧的结晶，是立于时代前沿、与时俱进的伟大科学理论，是实现中

---

① 《习近平在学习贯彻党的十九大精神研讨班开班式上发表重要讲话强调，以时不我待只争朝夕的精神投入工作，开创新时代中国特色社会主义事业新局面》，《人民日报》2018 年 1 月 6 日。

② 《毛泽东文集》第 7 卷，人民出版社 1999 年版，第 285 页。

华民族伟大复兴的行动指南。恩格斯早就说过："马克思的整个世界观不是教义，而是方法。它提供的不是现成的教条，而是进一步研究的出发点和供这种研究使用的方法。"[①] 同样，习近平新时代中国特色社会主义思想也"不是教义，而是方法"，是"审题""答卷"的制胜法宝。当好新时代的答卷人，必须学懂弄通习近平新时代中国特色社会主义思想的历史地位、丰富内涵、科学体系、精神实质、实践要求，深刻领悟贯穿其中的马克思主义立场观点方法，努力把零散的感性理解上升为系统的理性认识，更加自觉地用这一法宝武装头脑、指导实践、答好考卷。

当好新时代的答卷人，必须政治过硬、本领高强。古有"短绠不可以汲深井之泉"(《荀子·荣辱》)的经典训言，今有"没有金刚钻，难揽瓷器活"的时代新语。答好时代答卷，既要政治过硬，也要本领高强，必须全面增强学习本领、政治领导本领、改革创新本领、科学发展本领、依法执政本领、群众工作本领、狠抓落实本领和驾驭风险本领，着力解决本领不足、本领恐慌、本领落后的问题。"凡是过去，皆为序章。"(莎士比亚:《暴风雨》)一个时代有一个时代的主题，一代人有一代人的使命。昨天的成功并不代表着今后能够永远成功，过去的辉煌并不意味着未来可以永远辉煌。当好新时代的答卷人，必须立足本职、立足当前，脚踏实地、苦干实干，不断在新的历史起点上把中国特色社会主义事业推向前进。

① 《马克思恩格斯选集》第4卷，人民出版社2012年版，第664页。

# 始终保持革命者的政治本色

习近平总书记在学习贯彻党的十九大精神研讨班开班式上强调指出："不忘初心，牢记使命，就不要忘记我们是共产党人，我们是革命者，不要丧失了革命精神。"[①]在纪念周恩来同志诞辰120周年座谈会上，他再次强调："我们要向周恩来同志学习，不要忘记我们是共产党人，不要忘记我们是革命者，任何时候都不要丧失理想信念。"[②]"革命者"是共产党人最鲜明的身份特质和恒久不变的政治角色。战争年代，我们党领导人民武装夺取政权是革命；新中国成立后，党领导人民进行社会主义改造和建设是革命；40年前，党领导人民进行波澜壮阔的改革开放是革命；在中国特色社会主义新时代，党领导人民进行伟大斗争、建设伟大工程、推进伟大事业、实现伟大梦想，也是革命，而且是一场更广泛的伟大社会革命。

马克思早就说过："革命是历史的火车头。"[③]后来，恩格斯又

---

① 《习近平在学习贯彻党的十九大精神研讨班开班式上发表重要讲话强调，以时不我待只争朝夕的精神投入工作，开创新时代中国特色社会主义事业新局面》，《人民日报》2018年1月6日。

② 习近平：《在纪念周恩来同志诞辰120周年座谈会上的讲话》，《人民日报》2018年3月2日。

③ 《马克思恩格斯选集》第1卷，人民出版社2012年版，第527页。

进一步指出，革命是“社会进步和政治进步的强大推动力”[①]。然而，历史上的革命往往都是以夺取政权而告终。中国共产党作为彻底的革命党，从成立那天起，就把为中国人民谋幸福、为中华民族谋复兴、为人类进步事业而奋斗写在了自己的旗帜上。对于这样一个马克思主义政党来说，夺取政权只是革命的开始，“只是万里长征走完了第一步……以后的路程更长，工作更伟大，更艰苦”[②]。对此，刘少奇同志曾告诫全党：“现在的人做一个共产党员，必须是一辈子都要坚持革命斗争。如果在中途不能坚持革命斗争，就不能再做共产党员。这种革命斗争是包括政治的、经济的、思想的斗争在内，并且还要和帝国主义的武装干涉进行武装斗争。”[③]邓小平同志也说过，“战争结束了，但真正艰苦的斗争还在后头”[④]。“社会主义本身又分为几个阶段，要一个革命接一个革命，不断地前进。”[⑤]改革开放初期，邓小平同志提出干部队伍“四化”方针，强调首先是革命化。在中国特色社会主义新时代，习近平总书记进一步要求“全党同志必须保持革命精神、革命斗志，勇于把我们党领导人民进行了97年的伟大社会革命继续推进下去，决不能因为胜利而骄傲，决不能因为成就而懈怠，决不能因为困难而退缩，努力使中国特色社会主义展现更加强大、更有说服力的真理力量”，努力“把新时代坚持和发展中国特色社

① 《马克思恩格斯选集》第1卷，人民出版社2012年版，第595页。
② 《毛泽东选集》第4卷，人民出版社1991年版，第1438页。
③ 《刘少奇选集》下卷，人民出版社1985年版，第63页。
④ 《邓小平文集（1949—1974）》上卷，人民出版社2014年版，第19页。
⑤ 《邓小平文集（1949—1974）》下卷，人民出版社2014年版，第57页。

会主义这场伟大社会革命进行好”[①]。这些重要论述，要求每一个共产党人都必须始终牢记自己是革命者，始终保持革命者的政治本色和政治定力。

始终保持革命者的政治本色，必须坚定理想信念。革命理想高于天。理想信念是共产党人精神上的“钙”，理想信念不坚定，革命意志就会动摇，就不可能成为一个坚定的革命者，就会在政治上变质、经济上贪婪、生活上堕落，最终成为站不稳立场的“墙头草”、辨不清方向的“糊涂虫”。因此，保持革命者的本色，第一位的要求就是坚定理想信念，挺起共产党人的精神脊梁，自觉做共产主义远大理想和中国特色社会主义共同理想的坚定信仰者和忠实实践者，牢固树立政治意识、大局意识、核心意识、看齐意识，在政治立场、政治方向、政治原则、政治道路上同以习近平同志为核心的党中央保持高度一致，自觉维护以习近平同志为核心的党中央权威和集中统一领导。

始终保持革命者的政治本色，必须抓好理论武装。毛泽东同志早就说过：“掌握思想教育，是团结全党进行伟大政治斗争的中心环节。如果这个任务不解决，党的一切政治任务是不能完成的。”[②]在中国特色社会主义新时代，推动新的伟大社会革命，必须坚持不懈地用习近平新时代中国特色社会主义思想这一马克思主义中国化的最新成果武装头脑，努力掌握贯穿其中的立场观点方法。要坚持读原著、学原文、悟原理，坚持理论和实践、历史

---

① 《习近平在学习贯彻党的十九大精神研讨班开班式上发表重要讲话强调，以时不我待只争朝夕的精神投入工作，开创新时代中国特色社会主义事业新局面》，《人民日报》2018 年 1 月 6 日。

② 《毛泽东选集》第 3 卷，人民出版社 1991 年版，第 1094 页。

和现实、当前和未来、国际和国内相结合，坚持联系地、系统地、全面地而不是孤立地、零散地、局部地学，真正学深学透、学懂弄通，深刻理解、准确把握习近平新时代中国特色社会主义思想的历史地位、丰富内涵、科学体系、精神实质和实践要求，切实增强理论认同、思想认同、情感认同；切实增强用习近平新时代中国特色社会主义思想指导实践、推动工作的政治自觉、思想自觉和行动自觉。要把理论武装同提升专业素养结合起来，针对知识空白、经验盲区、能力弱项，努力学习、掌握与自己工作领域相关的专业知识、专业技能，“着力避免陷入少知而迷、不知而盲、无知而乱的困境，着力克服本领不足、本领恐慌、本领落后的问题”[①]，真正做到政治过硬、本领高强。

始终保持革命者的政治本色，必须要有旺盛的革命斗志。武装夺取政权是革命，变革体制机制是革命，转变思想观念也是革命。革命就意味着颠覆传统、改变现状。作为新时代的革命者，必须要有狭路相逢勇者胜的英雄气概，主动去挑最重的担子、主动去啃最硬的骨头、主动去接最烫的山芋，在完成急难险重任务的实践中磨炼作风，锤炼意志，增强本领。必须要有“逢山开路、遇河架桥”的开拓精神。逢山开路、遇河架桥是中华民族生生不息的精神写照，体现的是一种不服输、不停滞、永向前的精神状态。在新时代的长征路上，还有很多的高山险岭需要跨越，有很多的急流险滩需要跋涉。如果消极懈怠，一味抱着“车到山前必有路，船到桥头自然直”的消极心态，最终什么事情也做不

① 习近平:《第四批全国干部学习培训教材〈序言〉》,《人民日报》2015 年 2 月 28 日。

成、干不好。必须要有不畏强权、不惧强敌的斗争精神。敢于、善于同党内一切不正之风和破坏党团结统一的一切行为作最坚决的斗争，使自己在复杂的斗争实践中经受锻炼和考验，增长智慧和才干。

始终保持革命者的政治本色，必须强化使命担当。革命需要担当。离开担当精神、担当情怀、担当能力和具体、实际的工作，“革命”就无从谈起。作为新时代的共产党人，必须不忘初心，牢记使命，始终保持永不懈怠的精神状态和一往无前的奋斗姿态，争做行动派、实干家，不做口头派、空谈家，立足本职，脚踏实地，埋头苦干，以“面对大是大非敢于亮剑，面对矛盾敢于迎难而上，面对危机敢于挺身而出，面对失误敢于承担责任，面对歪风邪气敢于坚决斗争”①的责任担当，展示革命者越是艰险越向前，敢教日月换新天的时代风采。

① 中共中央文献研究室：《习近平总书记重要讲话文章选编》，中央文献出版社、党建读物出版社 2016 年版，第 58 页。

# 第二章

# 培养卓越领导力

# 做政治的明白人

做政治的明白人，忠诚是根本。“天下至德，莫大于忠。”对党忠诚是领导干部必须具备的一种政治品格。作为党员、干部，既然面对党旗立下了“拥护党的纲领，遵守党的章程，履行党员义务，执行党的决定，严守党的纪律，保守党的秘密，对党忠诚，积极工作，为共产主义奋斗终身，随时准备为党和人民牺牲一切，永不叛党”的铮铮誓言，就必须忠诚党的信仰、忠诚党的宗旨、忠诚党的组织、忠诚党的事业，时刻牢记自己的第一身份是共产党员、第一职责是为党工作，始终听党指挥、对党负责、为党分忧，始终同党中央在思想上政治上行动上保持高度一致，在风险和考验面前，始终做到政治信仰不变、政治立场不移、政治方向不偏。这是最基本的政治要求，也是衡量一个领导干部政治上是否合格的根本标准。

做政治的明白人，补“钙”是关键。理想信念是共产党人精神上的“钙”，没有理想信念，理想信念不坚定，精神上就会“缺钙”，就会得“软骨病”，就会没有骨气，挡不住诱惑，经不起考验，就会在政治上变质、经济上贪婪、生活上堕落，最终成为站不稳立场的“墙头草”、辨不清方向的“糊涂虫”。因此，做政治的明白人，第一位的要求就是补足精神之“钙”，也就是要坚定理想信念。理想信念坚定了，世界观、人生观、价值观问题解决了，站位就高了，眼界就宽了，心胸就开阔了，就能站稳立场，把准方向，一切是非、正误、主次，一切真假、善恶、美丑，自然就洞若观火、清澈明了，自然就能作出正确判断，自然就能经得起风浪、经得住考验，始终保持共产党人的先进性、纯洁性和勇往直前、义无反顾的献身精神。

做政治的明白人，守纪律、讲规矩是保证。党员、干部特别是领导干部手中都握有一定的权力，各种诱惑、算计往往都会冲着领导干部而来，各种讨好、捧杀都会对着领导干部而去。作为党员、干部特别是领导干部，必须增强纪律和规矩意识，心有所畏、言有所戒、行有所止，时时心存敬畏而不存侥幸，时时保持清醒而不犯糊涂，时时保持警觉而不为世风左右，自觉践行“三严三实”要求，常思贪欲之害，常怀律己之心，常排非分之念，常修为政之德，严格用党员干部的标准要求自己、用党的纪律和规矩约束自己、用“内心的法律”——法律是成文的道德，道德是内心的法律——管住自己，在任何时候、任何情况下，都不放纵、不越轨、不逾矩，始终保持共产党人的革命气节和政治本色。

# 做班子的带头人

在中国共产党成立 94 周年前夕，习近平总书记会见全国优秀县委书记时，要求县委书记做政治的明白人、发展的开路人、群众的贴心人、班子的带头人。这一要求，寓意深刻，内涵丰富，具有很强的现实针对性，与 2013 年 6 月在全国组织工作会议上提出的好干部“二十字”标准、2014 年 3 月在参加十二届全国人大二次会议安徽代表团审议时对党员干部提出的“三严三实”要求、2015 年 1 月在同中央党校县委书记研修班学员座谈时对县委书记提出的“四有”要求，具有内在的一致性和高度的契合性。这些要求，不仅是对县委书记的殷殷嘱托，也是对所有党员、干部的谆谆告诫，是对以往各个时期好干部标准的最新提炼和概括，是对新时期好干部政治内涵的准确界定和阐释，是对新形势下好干部时代特质的深刻揭示和把握，是在协调推进“四个全面”战略布局的历史进程中，加强“关键少数人”队伍建设的最新标尺和根本遵循。

做班子的带头人，就是要带头讲党性、重品行、做表率。忠诚是共产党人最鲜明的党性和最基本的政治伦理，也是领导干部必须具备的一种政治品格。要时刻牢记自己的第一身份是共产党员、第一职责是为党工作，始终听党指挥、对党负责、为党分忧，坚定地维护中央权威，维护党的团结统一。这是最基本的政治要求，也是衡量一个领导干部政治上是否合格的根本标准。榜样是看得见的哲理、看得见的力量，也是最好的说服、最好的示范、最好的引领；有了榜样，就有了目标和方向。做班子的带头人，必须努力加强道德修养和道德自律，以自身的模范行动，以共产党人的高尚情操和人格魅力，影响、带动党员干部和周围群众，自觉践行社会主义核心价值观，争做社会主义道德的示范者、诚信风尚的引领者、公平正义的维护者。

做班子的带头人，就是要带头践行“三严三实”要求。习近平总书记多次强调，各级领导干部要严以修身、严以用权、严以律己，谋事要实、创业要实、做人要实。这“三严三实”概括精辟、寓意深刻，是共产党人最基本的政治品格和做人准则，也是党员、干部的修身之本、为政之道、成事之要。做班子的带头人，既要按照“三严三实”的要求修身做人、为官用权、谋事创业，又要按照“严”和“实”的标准要求自己、约束自己、管住自己，在任何时候、任何情况下，都不放纵、不越轨、不逾矩，清清白白做人、干干净净做事、堂堂正正做官，始终保持共产党人的先进性、纯洁性；既要身先士卒、以身作则，切实以严的标准、实的作风管住自己、当好表率，发挥好榜样的引领作用，又要增强抓班子、带队伍的意识和能力，敢于树标杆，当好“领头羊”，努力营造“一起干事、共同干净”的良好政治生态，使自己成为领导班子成员和广大干部群众想得到、信得过、靠得住、离不开的热心人、知心人、贴心人和领路人。

做班子的带头人，就是要带头遵规守矩、依法办事。作为领导干部，必须带头守纪律、讲规矩，带头廉洁自律，带头接受党和人民监督，带头弘扬法治精神，带头尊崇和遵守宪法法律，自觉在法治轨道上想问题、作决策、办事情，不断提高运用法治思维和法治方式深化改革、推动发展、化解矛盾、维护稳定的能力。要强化法律在维护群众权益、化解社会矛盾中的权威地位，引导和支持人们理性表达诉求、依法维护权益，解决好群众最关心最直接最现实的利益问题。

## 用一流的标准做事

在《现代汉语词典》里，“标准”一词的解释是：“衡量事物的准则。”无论做什么事情，总要有个标准，当然这个标准有高有低。有什么样的工作标准，就有什么样的工作质量和水平；只有标准高一点，才有可能把工作做得好一点。正如习近平总书记所说，动力“来自于有一个较高的工作标准。标准决定质量，有什么样的标准就有什么样的质量，只有高标准才有高质量”[①]。

工作标准，源于一个人的思想境界和精神追求，决定着一个人做事的风格和成效。古人云：“取法于上，仅得为中；取法于中，故为其下。”（唐·李世民：《帝范卷四·崇文第十二》）用一流的标准做事，不仅是一种责任、一种气魄、一种精益求精的风格、一种执着追求的精神，更是一个领导干部成就事业、有所作

① 习近平：《做焦裕禄式的县委书记》，中央文献出版社2015年版，第36页。

为的内在要求和必须具备的优秀品格。我们所做的工作无论多么琐碎细小、多么枯燥乏味、多么不引人关注，都要尽到自己最大努力，让我们所做的每一件事情、每一项工作，都代表自己的最高水平，体现自己的最好风格，真正经得起实践的检验、人民的检验和历史的检验。

用一流的标准做事，必须要有“满意不是标准，优秀才算合格”的崇高境界。一事到手，不干则已，干就干好，干出精品、干出成效、干出社会影响力，让组织放心、让领导满意、让群众说好。

用一流的标准做事，必须加强学习，做精通本职工作的行家里手。当前，我们正处在全面建成小康社会的决胜阶段和协调推进“四个全面”战略布局、实现中华民族伟大复兴中国梦的关键时期，新情况、新问题层出不穷，新事物、新学科大量涌现，新理论、新知识急剧增加。一个干部要跟上时代潮流和世界前进的步伐，需要不断地加强学习；要适应新的工作岗位和环境，需要不断地加强学习；要提高工作能力和水平，同样需要不断地加强学习。因此，从某种意义上来讲，学习不仅是一种觉悟、一种修养、一种境界，更是一种政治责任。

用一流的标准做事，必须要有强烈的事业心、责任感。这是干好工作、成就事业的内在动力。一个缺乏事业心、责任感的干部，肯定在事业上难有大的成就、政治上难有大的进步。面对当前新的形势和任务，我们必须振奋精神，始终保持良好的精神状态、饱满的工作热情和强烈的事业心、责任感，只有这样，才能有所作为、有所进步。

用一流的标准做事，必须要有实干的作风。求真务实，是辩证唯物主义和历史唯物主义一以贯之的科学精神，是马克思主义认识论和方法论的统一，也是党的优良传统和共产党人应该具备的政治品格。“空谈误国，实干兴邦。”路是走出来的，事业是干出来的，优秀的干部也是干出来的。一个干部要想有所作为，不断进步，就必须俯下身子，脚踏实地，埋头苦干，不尚空谈。这就要求我们要增强宗旨观念，视个人名利淡如水，视党的事业重如山；要耐得住寂寞，不为浮华虚利所扰，立足本职，尽己所能，勤勤恳恳，兢兢业业，为党和人民的事业默默奉献。

# 李渔求医的智慧

据说，李渔一次身染重病，他没按常理去找镇上的“名医”为自己诊治，却找到了邻村一位曾经“医死”过好几个人的“凡医”。家里人感到很奇怪，李渔解释说：“镇上的名医从不收治危重病人，当然不可能出现医死人的情况，但同时也就没有救治危重病人的经验。而邻村那个凡医，对危重病人来者不拒，虽然医死了不少人，但也一定积累了不少经验，医术恐比镇上的名医要高。”后经邻村这位“凡医”的诊治，李渔的病果然很快痊愈了。

读罢李渔求医的故事，不少人都赞美李渔识医的慧眼、知医的识见和容错求医的睿智。其实，我们更应该称颂的是邻村那位“凡医”的担当精神。

医生，以治病救人为天职，对危重病人敢接、敢治，不推不脱，尽心尽责，治不好不怕担责任，不惧社会的负面评价，这是一种行医不忘本、一心为病人的高尚医德。救治危重病人，非活即死，必有两种结果。有些病人已经病入膏肓，即使医术再高，往往也无力回天，这里的关键不是看能不能治好，而要看敢不敢去治。敢接敢治，这是医生的担当，即便治不好，也会积累一些经验和教训，从而“经一事，长一智”。

古人云：“大事难事看担当。”（陈继儒：《小窗幽记·醒》）李渔也曾说过：“不用谘谋，方见才能。好担当，好担当，怪不得人人敬。”（李渔：《比目鱼·伪隐》）什么是担当？简单地说，担当就是承担并负起应负的责任，是人们在职责和角色需要的时候，毫不犹豫、挺身而出，全力履行自己的职责和义务。作为医生，没有医死过人，似乎名声不错，但他极有可能就是不敢担当的庸医；虽医死过人，社会评价不好，但却有医者仁心，在危重病人面前不忘自己的初心、责任和使命，该出手时敢出手，尽管有时候往往会出现医死人的情况，但也值得称道！

习近平总书记指出：“新征程上，不可能都是平坦的大道，我们将会面对许多重大挑战、重大风险、重大阻力、重大矛盾，领导干部必须有强烈的担当精神。……不仅要有担当的宽肩膀，还得有成事的真本领。”① 在决胜全面建成小康社会、加快实现中华民族伟大复兴中国梦的今天，不要说成就一番事业，就是要做一件稍有意义的事情，失误也在所难免。如果我们不愿意出现失误，甘当没有医死过人的“名医”，就可能永远一事无成。有人

---

① 《习近平在中共中央政治局第一次集体学习时强调，切实学懂弄通做实党的十九大精神，努力在新时代开启新征程续写新篇章》，《人民日报》2017 年 10 月 29 日。

说不治病就不会医死人，而为医者不尽救死扶伤之责，医生也就失去了存在的价值；有人说不干事，就不会犯错误，而对共产党人来说，不干事本身就是最大的错误！

在责任和担当面前，我们不妨学学李渔邻村的那位“凡医”。

## 让努力成为一种自觉

无论为人处世还是为官从政，都要多努力、多交流、多锻炼。努力成就事业，交流开阔视野，锻炼提高本领。

努力是一种工作态度、一种精神境界。越努力越进步、越努力越幸运；交流是一种能力，也是一种手段。对内对外都要多沟通、多交流，不能自己封闭自己，通过与外界、与同事的沟通、交流，提升境界、开阔视野、拓展思路。实践出真知，锻炼长才干。要立足本职，奋发进取，在实实在在的工作中锤炼作风、磨炼意志，启迪智慧、增长才干，努力提高履职能力和水平。

# “自以为是”要不得

党的十九大报告指出：“青年兴则国家兴，青年强则国家强。青年一代有理想、有本领、有担当，国家就有前途，民族就有希望。”青年人朝气蓬勃，是全社会最富活力、最具创造力的群体；青年干部是党的事业的希望，代表着党和国家的未来，是党的干部队伍的生力军，在统筹推进“五位一体”总体布局、协调推进“四个全面”战略布局和实现中华民族伟大复兴中国梦的历史进程中，肩负着重大责任与使命。然而，青年干部属于典型的学历层次高、理论水平高、期望值高，但经受挫折和磨难相对较少的“三高一少”群体，很容易形成自以为是的不良心态，结果让自己的青春年华在不知不觉中悄然输掉。

“自以为是”语出《孟子·尽心下》：“自以为是，而不可与入尧舜之道，故曰‘德之贼’也。”自以为是不是个性张扬，而是一种盲目的自负与清高，是一种夜郎自大式的任性与傲慢，是为人处世、为官从政之大忌。从知识的角度看，人不可能穷尽世间所有，个人所掌握的，只是浩渺知识海洋中的一点一滴；从经验的角度看，每个人都有不同的生活经历，由经历生成的知识必然各有不同、各具千秋；从时间的角度看，人的生命长度有限，每个人都只能是历史长河中一个瞬间。“吾生也有涯，而知也无涯。”

自以为是，目空一切，总认为自己的想法、做法是对的，听不进别人的意见，说到底这是一种狂妄和无知。

自以为是的核心是脱离群众。领导干部自以为是，是党性不纯的表现，是对马克思主义群众观点的背叛和背离，是一种典型的官僚主义作风。一些青年干部自以为是，既有社会大环境的影响，也与个人修养有关。现在的青年干部，从家门到学校门再到机关门，直至走上领导岗位，一路顺风顺水，时间长了，很自然就会产生一种“世人皆睡，唯我独醒”的错觉，目无组织，心无戒惧，看不起领导，瞧不起群众。“人之患在好为人师。”（《孟子·离娄上》）毛泽东同志曾经说过，“我们的干部中，自以为是的很不少”[①]，“‘自以为是’和‘好为人师’那样狂妄的态度是决不能解决问题的”[②]。习近平总书记指出：“脱离群众，孤家寡人，你就一事无成。”青年干部自以为是之时，往往就是碰钉子、摔跟头的开始，不仅会一事无成，甚至还会在“温水煮蛙”中一步一步跌入违法乱纪的深渊。

在我国历史典籍中，“愚”往往是自以为是的代名词：“愚而好自用，贱而好自专”“败莫大于愚，愚之患，在必自用”“大智兴邦，不过集众思；大愚误国，皆因好自用”。这里，“自用”即自以为是。自以为是是一种令人生厌的负面心态，更是青年干部成长进步的“拦路虎”，必须努力加以克服和消除。

一是加强学习。“人才有高下，知物由学。”（汉·王充：《论衡·实知》）学然后知不足。对领导干部来讲，加强学习不仅是

① 《毛泽东文集》第 8 卷，人民出版社 1999 年版，第 24 页。
② 《毛泽东选集》第 2 卷，人民出版社 1991 年版，第 663 页。

一种觉悟、一种修养、一种境界，更是一种政治追求；不仅是个人行为，更是一种社会行为、组织行为；不仅是自己生存和发展的需要，更是一种历史重任和社会责任。青年干部要牢固树立“梦想从学习开始、事业靠本领成就”的观念，始终把学习作为一种理念融入思想、作为一种动力融入工作、作为一种追求融入人生，在学中干、干中学，活到老、学到老。要把学习同思考、观察同思考、实践同思考紧密结合起来，始终保持对新事物的敏锐，学会用正确的立场观点方法分析问题，善于把握历史和时代的发展方向，善于把握社会生活的主流和支流、现象和本质，努力在学习中充实和丰富自己，加快个人在思想上、政治上的成长与成熟。

二是谦虚谨慎。“虚心使人进步，骄傲使人落后。”[①] 谦虚谨慎对青年干部的成长和进步至关重要。春秋时期宋国大夫正考父是几朝元老，但他对自己要求很严，他在家庙的鼎上铸下铭训：“一命而偻，再命而伛，三命而俯。循墙而走，亦莫余敢侮。”（《左传·昭公七年》）意思是说，每逢有任命提拔时都越来越谨慎，一次提拔要低着头，再次提拔要曲背，三次提拔要弯腰，连走路都靠墙走。晚清名臣曾国藩也说过：“不贪财、不失信、不自是，有此三者，自然鬼服神钦，人皆敬重。”[②] 作为青年干部，必须要有“三人行，必有我师”的谦恭和“宁为真白丁，不做假秀才”的坦诚，重品行、修内功、养谦德，自觉践行“三严三实”要求，多看别人的长处，多想自己的不足，正确对待组织，正确

① 《毛泽东文集》第 7 卷，人民出版社 1999 年版，第 117 页。

② 刘惠燕：《官道曾国藩》，中国华侨出版社 2011 年版，第 85 页。

对待他人，正确对待自己，自信不自负、清廉不清高、孤芳不孤傲，做平常人、当有为官，计天下利、求万世名。

三是树立正确的世界观、人生观、价值观。世界观、人生观、价值观是人们思想和行为的“总钥匙”“总开关”，一个人具有什么样的世界观、人生观、价值观，就会有什么样的人生态度、人生方向、行为方式和价值取向。正如习近平总书记所说，“掌握了这把总钥匙，再来看看社会万象、人生历程，一切是非、正误、主次，一切真假、善恶、美丑，自然就洞若观火、清澈明了，自然就能作出正确判断、作出正确选择”[①]。一些青年干部往往缺乏严格的党内生活锻炼和艰苦复杂环境的考验，必须带头学党章党规、学系列讲话、做合格党员，并把“两学一做”作为自己一生的功课、一生的任务、一生的追求，始终保持对马克思主义的坚定信仰，始终保持对党绝对忠诚的政治品格，始终保持全心全意为人民服务的公仆情怀，努力做“讲政治、有信念，讲规矩、有纪律，讲道德、有品行，讲奉献、有作为”的表率。

四是加强实践锻炼。古人云：“耳闻之，不如目见之；目见之，不如足践之。”（刘向：《说苑·政理》）青年干部工作经历、社会阅历比较单一，必须坚持艰苦奋斗，不贪图安逸，不惧怕困难，不怨天尤人，积极地、主动地、自觉地投身社会实践，多一些“自我折腾”的意识，多一些磨难、历练的机会，使自己在逆境中奋起、在挫折中成长、在挑战中担当。要放下架子、俯下身子、撸起袖子、耐着性子，真心拜人民为师，真诚向能者求教，真情向智者问策，实实在在地与人民群众一块过、一块苦、一块

① 《习近平谈治国理政》，外文出版社 2014 年版，第 173 页。

干，在贯彻落实创新、协调、绿色、开放、共享的发展理念，协调推进“四个全面”战略布局，决战全面建成小康社会的伟大实践中，增强党性、锤炼作风、陶冶情操、升华境界、增长才智，努力书写新时期共产党人精彩亮丽的担当人生、无悔人生、大美人生。

## 增强学习本领

党的十九大报告指出，“领导十三亿多人的社会主义大国，我们党既要政治过硬，也要本领高强”，必须“增强学习本领，在全党营造善于学习、勇于实践的浓厚氛围，建设马克思主义学习型政党，推动建设学习大国”[①]。“智少而不学，(功)必寡。”(《墨子·经说下》)学习是人的本能，学习本领是领导干部全部本领的基础。人通过学习从无知、幼稚走向知之和成熟；一个人的学习本领有多强，其未来的成就才会有多大。历史的经验表明，一个政党的学习本领有多强，其执政本领才会有多强；“中国共产党人依靠学习走到今天，也必然要依靠学习走向未来”[②]。

① 习近平:《决胜全面建成小康社会　夺取新时代中国特色社会主义伟大胜利——在中国共产党第十九次全国代表大会上的报告》,《人民日报》2017年10月28日。

②《习近平谈治国理政》，外文出版社2014年版，第407页。

## 一、重视学习、勤于学习、善于学习是中国共产党的优良传统和政治优势

恩格斯说:“历史从哪里开始，思想进程也应当从哪里开始。”[①] 中国共产党靠学习起家，靠学习立党，靠学习执政，从成立那天起，就从未放弃过学习，并且在学习中不断成长成熟，不断解放思想，不断增强本领，取得了革命、建设和改革开放的辉煌成就。延安时期，毛泽东同志在谈到学习问题时，曾很形象地说过:“有了学问，好比站在山上，可以看到很远很多东西。没有学问，如在暗沟里走路，摸索不着，那会苦煞人。”[②] “我们队伍里边有一种恐慌，不是经济恐慌，也不是政治恐慌，而是本领恐慌。过去学的本领只有一点点，今天用一些，明天用一些，渐渐告罄了。好像一个铺子，本来东西就不多，一卖就完，空空如也，再开下去就不成了，再开一定要进货。我们干部的‘进货’，就是学习本领，这是我们许多干部所迫切需要的。”[③] 在这里，他把学问比作高山，把学习比作“开铺子”，通俗而又贴切。为了解决干部“在暗沟里走路，摸索不着”和“进货”的问题，战争年代，我们党从炮火纷飞的战场上把将领们召回延安进行马克思主义的学习，取得了革命的胜利。“全国胜利前夕，毛泽东同志号召全党重新学习。那一次，我们学习得不坏，很快恢复了经济，成功地完成了社会主义改造。”[④] 党的十八大以来，习近平总

① 《马克思恩格斯选集》第 2 卷，人民出版社 2012 年版，第 14 页。

② 中共中央文献研究室:《毛泽东年谱(1893—1949)》中卷，中央文献出版社 2013 年版，第 109 页。

③ 《毛泽东文集》第 2 卷，人民出版社 1993 年版，第 178 页。

④ 《邓小平文选》第 2 卷，人民出版社 1994 年版，第 153 页。

书记反复强调,“梦想从学习开始，事业靠本领成就”[①]“好学才能上进，好学才有本领”[②]“我们的干部要上进，我们的党要上进，我们的国家要上进，我们的民族要上进，就必须大兴学习之风。要坚持学习、学习、再学习，坚持实践、实践、再实践”[③]，并通过中央政治局集体学习，示范带动了全党的大学习、大提高、大改进，推动改革开放和社会主义现代化建设取得历史性成就，党和国家事业发生历史性变革。非学无以立党兴党，非学无以治国安邦。可以说，重视学习、勤于学习、善于学习是我们党的优良传统和政治优势，是思想建党的基本手段，也是兴党强党的重要方略；越是在党的事业发展的重大历史关头，越是重视和加强学习，是我们党成长壮大、成熟完善的成功经验。

## 二、增强学习本领，核心是坚持理论联系实际的马克思主义学风

延安整风时，毛泽东同志就说过:“学风问题是领导机关、全体干部、全体党员的思想方法问题，是我们对待马克思列宁主义的态度问题，是全党同志的工作态度问题。既然是这样，学风问题就是一个非常重要的问题，就是第一个重要的问题。”[④]进入中国特色社会主义新时代，习近平总书记反复强调，“学风问题是

① 《习近平谈治国理政》，外文出版社 2014 年版，第 51 页。

② 习近平:《第四批全国干部学习培训教材〈序言〉》,《人民日报》2015 年 2 月 28 日。

③ 《习近平谈治国理政》，外文出版社 2014 年版，第 407 页。

④ 《毛泽东选集》第 3 卷，人民出版社 1991 年版，第 812—813 页。

关系党的事业兴衰成败的一个重大政治问题。”[①]“领导干部要发扬理论联系实际的马克思主义学风，带着问题学，拜人民为师，做到干中学、学中干，学以致用、用以促学、学用相长，千万不能夸夸其谈、陷于‘客里空’。”[②]问题是学习的第一动力，学习必须坚持问题导向。问题导向是理论联系实际的具体化，是马克思主义不断焕发生机和活力的重要推动力。带着问题去学习，用学到的理论指导解决现实问题，在实践中不断加深对理论的理解和认识，从而不断总结经验教训，澄清模糊认识，增强工作的原则性、系统性、预见性和创造性。学习要坚持同思想见面，同实践见面，既武装头脑，提升理论素养和政治能力，解决立场、方向、原则等问题，又指导实践，提高工作的创新创造能力，解决“人不通古今，马牛而襟裾”（韩愈：《符读书城南》）的本领恐慌问题。要通过学习，进一步坚定理想信念，坚定“四个自信”，增强“四个意识”，做到“四个服从”，更加坚定地维护以习近平同志为核心的党中央权威和集中统一领导，始终在政治立场、政治方向、政治原则、政治道路上同以习近平同志为核心的党中央保持高度一致。

## 三、增强学习本领，重点是增强学习掌握马克思主义理论的本领

大千世界，林林总总；人生一世，需要学习的东西实在是

---

① 《习近平在中央党校 2008 年秋季学期第二批进修班开学典礼上强调，各级党校要突出抓好学风建设》，《人民日报》2008 年 11 月 13 日。

② 《习近平谈治国理政》，外文出版社 2014 年版，第 406 页。

太多太多。善于求知者历来都是求其精而不求其多、求其深而不求其广。对共产党人特别是党的领导干部来讲，学习的重点马克思主义理论。毛泽东同志指出：“如果我们党有一百个至二百个系统地而不是零碎地、实际地而不是空洞地学会了马克思列宁主义的同志，就会大大地提高我们党的战斗力量。”[①]邓小平同志也说过：“所有一切带普遍性的问题，都可以从马列主义、毛泽东思想的宝库中取得。如果我们取得了马列主义、毛泽东思想的基本知识，许多问题就会迎刃而解……我们许多同志犯错误就是缺乏理论学习之故。”[②]习近平总书记进一步指出，马克思主义理论“是我们做好一切工作的看家本领，也是领导干部必须普遍掌握的工作制胜的看家本领”[③]。马克思主义是我们立党立国的根本指导思想。加强理论学习，最重要的是加强对马克思主义经典著作的学习，尤其要加强对习近平新时代中国特色社会主义思想的学习。习近平新时代中国特色社会主义思想是对马克思列宁主义、毛泽东思想、邓小平理论、“三个代表”重要思想、科学发展观的继承和发展，是马克思主义中国化最新成果，是党和人民实践经验和集体智慧的结晶，是全党全国人民为实现中华民族伟大复兴而奋斗的行动指南。这一科学理论体系紧密结合新的时代条件和实践要求，系统回答了新时代坚持和发展什么样的中国特色社会主义、怎样坚持和发展中国特色社会主义等重大问题，开辟了马克思主义新境界，使当代中国马克思主义展现出更加鲜活的思想魅力和更加灿烂的真理光芒。这一科学理论

① 《毛泽东选集》第 2 卷，人民出版社 1991 年版，第 533 页。
② 《邓小平文集（1949—1974）》上卷，人民出版社2014年版，第255—256页。
③ 《习近平谈治国理政》，外文出版社 2014 年版，第 404 页。

体系不仅是新的历史条件下我们党治国理政的伟大纲领，而且为解决人类问题贡献了中国智慧和中国方案，具有深远世界意义。要坚持读原著、学原文，求真知、悟真谛，努力在学懂、弄通、做实上下功夫，努力把零散的感性理解上升为系统的理性认识，不断增强用科学理论指导实践、推动工作的思想自觉和行动能力。

## 四、增强学习本领，关键是增强学以致用的本领

学以致用是我们加强和改进理论学习必须遵循的一条重要方针。毛泽东同志早就说过："对于马克思主义的理论，要能够精通它、应用它，精通的目的全在于应用。"① 邓小平同志反复强调，学习马克思主义要理论联系实际，要解决实际问题，"要精，要管用"②。习近平总书记也指出："领导干部加强学习，根本目的是增强工作本领、提高解决实际问题的水平。"③ 学习的目的全在于应用。当前，要紧密结合进行伟大斗争、建设伟大工程、推进伟大事业、实现伟大梦想的生动实践，针对知识空白、经验盲区、能力弱项和模糊认识，缺什么、学什么，深入学、系统学，真正学深学透、学懂弄通，通过学习增加知识储备、完善知识结构、提升理论素养、澄清模糊认识，"着力避免陷入少知而迷、不知而盲、无知而乱的困境，着力克服本领不足、本领

---

① 《毛泽东选集》第 3 卷，人民出版社 1991 年版，第 815 页。

② 《邓小平文选》第 3 卷，人民出版社 1993 年版，第 382 页。

③ 《习近平谈治国理政》，外文出版社 2014 年版，第 406 页。

恐慌、本领落后的问题”[①]，不断提高领导工作的专业化、科学化水平。

## 五、增强学习本领，贵在持之以恒

战国时期的思想家荀子说过：“蚓无爪牙之利，筋骨之强，上食埃土，下饮黄泉，用心一也。蟹六跪而二螯，非蛇鳝之穴无可寄托者，用心躁也。”（《荀子·劝学》）用心一者技必良。学习最有效的方法是专心致志、持之以恒，最大的禁忌是三天打鱼两天晒网；离开持之以恒的坚持，增强学习本领就是一句空话。孔子说过：“譬如为山，未成一篑，止，吾止也；譬如平地，虽覆一篑，进，吾往也。”（《论语·子罕》）他把学习积累知识比喻为堆土成山，只差一筐土却停止不干了，那就堆不成山；尽管只有一筐土，继续下去，就能成功。共产党人加强学习的过程，就其本质和目的而言，是按照全面从严治党要求和新时代共产党员标准进行党性修养和党性锻炼的过程，是进一步坚定理想信念，提升政治成熟度、思想纯洁度和对党忠诚度的过程，也是一个在各自岗位上充分发挥先锋模范作用的过程。因此，学习是我们共产党人一个永恒的主题，必须长期不懈地坚持、坚持、再坚持，真正把学习作为一种理念融入思想、作为一种动力融入工作、作为一种追求融入人生，在学中干、干中学，活到老、学到老。学习要勤奋，要刻苦，要有克服困难的勇气和信心。学习不是娱乐，不是游戏，而是一种艰苦的劳动。要认真学习，特别是要学懂弄通马

---

① 习近平：《第四批全国干部学习培训教材〈序言〉》，《人民日报》2015 年 2 月 28 日。

克思主义经典著作和博大精深的习近平新时代中国特色社会主义思想，决非一件易事，需要下一番真功夫、苦功夫、笨功夫，需要有一种“入山问樵、入水问渔”的求知精神和锲而不舍、刻苦钻研的进取精神，越是困难越向前，不达目的不罢休。只有这样，才能把理论学到家，把本领学到手，使自己真正成为既政治过硬，又本领高强的新时代中国特色社会主义事业的领导者和建设者。

## 增强政治领导力

党的十九大报告指出：“全党要更加自觉地坚定党性原则，勇于直面问题，敢于刮骨疗毒，消除一切损害党的先进性和纯洁性的因素，清除一切侵蚀党的健康肌体的病毒，不断增强党的政治领导力、思想引领力、群众组织力、社会号召力，确保我们党永葆旺盛生命力和强大战斗力。”[①] 党政军民学，东西南北中，党是领导一切的最高政治力量。加强新时代党的建设，首先是加强党的政治建设；提高党的建设质量，核心是提高党的政治领导力，不断巩固党的执政地位，确保党的领导核心地位，维护习近平总书记党中央的核心、全党的核心地位，确保党中央绝对权威，实现党的全面领导和党对一切工作的领导。

---

① 习近平:《决胜全面建成小康社会　夺取新时代中国特色社会主义伟大胜利——在中国共产党第十九次全国代表大会上的报告》,《人民日报》2017 年 10 月 28 日。

## 一、政治领导力的内涵

1893 年 10 月 12 日，恩格斯在致奥古斯特·倍倍尔的信中说："一个知道自己的目的，也知道怎样达到这个目的的政党，一个真正想达到这个目的并且具有达到这个目的所必不可缺的顽强精神的政党，——这样的政党将是不可战胜的。"[①] 中国共产党就是这样一个马克思主义政党，具有远大理想和坚定信仰，负有历史责任和崇高使命，拥有庞大而严密的组织体系。对于这样一个政党，"到什么时候都得讲政治"[②]。讲政治，不仅需要坚定的政治立场、鲜明的政治态度和良好的政治生态，还需要过硬的政治素质、更严的政治标准和高强的政治本领。现代胜任力理论认为，一个领导干部要履行好责任，把工作干上去，必须要有很强的能力作支撑，也就是要有工作胜任力；一个政党执政，必须要有政治胜任力，即政治领导力。政治领导力是衡量党和党的领导干部领导力的重要尺度，是马克思主义政党的生命所在；党的凝聚力、战斗力、创造力最终体现为党的政治领导力。

政治领导力，概括地说，就是坚持战略思维、创新思维、辩证思维、法治思维、底线思维，科学制定和坚决执行党的路线方针政策，把党总揽全局、协调各方落到实处的能力，通常由愿景规划、战略构建、方向引领、决策实施等要素组成。按照领导职能"二元论"理论，政治领导力包括把关定向的政治决策力和按照党的性质、宗旨、纲领而为之奋斗的行动力（亦即政治执行

---

① 《马克思恩格斯全集》第 39 卷，人民出版社 1975 年版，第 139 页。
② 《邓小平文选》第 3 卷，人民出版社 1993 年版，第 166 页。

力），即政治领导力 = 政治决策力（领）+ 政治执行力（导）。政治决策力简单地说就是把方向、谋大局、定政策的能力，其核心是通过制定正确的大政方针、行动纲领和发挥自身先进性而形成的强大影响力、引导力和决定力。政治执行力（行动力）是指贯彻、执行党的路线方针政策和重大决策部署，把党的正确主张变为群众自觉行动的能力，亦即把决策付诸行动、把愿景变为实景的能力，包括基于自身组织资源而不是行政资源而形成的社会动员能力，组织群众、宣传群众、凝聚群众、服务群众的群众工作能力，通过自我净化、自我完善、自我革新、自我提高保持党自身先进性、纯洁性和战斗力的能力，充分发挥广大党员先锋模范作用和基层党组织战斗堡垒作用的能力等。

“能用众力，则无敌于天下矣；能用众智，则无畏于圣人矣。”（晋·陈寿：《三国志·吴主传第二》）政治领导力的本质是一种凝聚民心、汇聚民智、激发民力，推动社会进步和事业发展的能力。中国共产党是一个笃信“社会主义是干出来的”的马克思主义政党。从“得民心者得天下”，到“为人民打天下”，再到“实现人民当家作主”，彰显的都是中国共产党人始终不渝为人民谋幸福、为民族谋复兴、为世界谋和平与发展的初心、使命和担当。提升政治领导力，就是提升党团结带领人民在新时代中国特色社会主义旗帜下进行共同奋斗的能力。中国的强大和发展雄辩地说明，中国共产党作为马克思主义革命党、执政党，具有强大而成熟的政治领导力。美国著名专栏作家托马斯·弗里德曼在其著作《世界又热又平又挤》中，有一章的题目叫“让我们做一天中国”。他说，我们能不能做一天中国，在那一天把那些理想中的法律和政策都搞定。一些在西方国家需要花费数年甚至数十年才能推动的改革，在中国可能在很短时间内就推行开来。以推广无铅汽油为例，美国花了22年时间（从1973年到1995年），而中国只用了2年。一些西方学者从中国承办北京奥运会、汶川地震救灾、应对全球金融危机的卓越表现中，看到了中国共产党超强的政治智慧、政治领导力和统筹兼顾的行动能力，他们坦承自己的政府没有这个条件和能力如此快速有效地去应对危机、迎接挑战。

提高政治领导力，是推进党的建设新的伟大工程的永恒主题，也是进行伟大斗争、推进伟大事业、实现伟大梦想的现实需要，是共产党人特别是党的领导干部加强党性修养和党性锻炼的重要内涵，只有进行时，没有完成时。越是一党执政、长期执政，越是形势复杂、任务艰巨，就越要注重提高政治领导力。

## 二、政治领导力的提升路径

提升政治领导力，是党在中国特色社会主义新时代和长期执政条件下实现其历史使命提出的紧要课题。政治领导力是党的核心领导力，是党的干部必须掌握的看家本领。提升政治领导力，绝非一朝一夕之功，需要坚定的信仰支撑、长期的理论涵养、艰苦的实践锻炼和政治历练、严肃的党内政治生活淬炼。

1. 用坚定的信仰提升政治领导力。“欲事立，须是心立。”（《儒藏·语录·张载集摘·经学理窟·气质》）信仰是一个政党、一个民族共同的精神支柱，是超越世俗利益的最大公约数，坚定的信仰本身就是一种政治力量。邓小平同志曾经指出：“对马克思主义的信仰，是中国革命胜利的一种精神动力。”[①] 党的十八大以来，习近平总书记反复强调：“对马克思主义的信仰，对社会主义和共产主义的信念，是共产党人的政治灵魂，是共产党人经受住任何考验的精神支柱。”[②]“人民有信仰，国家有力量，民族有希望。”[③] 一个人要成功，就要有明确的目标和坚定的信仰；一个政党要成功，也要有明确的目标和坚定的信仰。忠诚源于信仰，信仰提升忠诚；有了真信仰，才会有真忠诚、真担当。领导干部有了对马克思主义的坚定信仰，才会有对党和人民的忠诚，也才能挺起共产党人的精神脊梁，在任何时候、任何情况下，都不因胜利而骄傲，不因成就而懈怠，不因困难而退缩，始终保持革命精神、革命斗志，始终保持坚如磐石的政治定力、纪律定力、道德定力、抵腐定力，自觉增强“四个意识”，坚定“四个自信”，积极投身到决胜全面建成小康社会、实现“两个一百年”奋斗目标、进而实现中华民族伟大复兴中国梦的伟大实践中去。

2. *用科学的理论涵养政治领导力。*列宁指出：“没有革命的理论，就不会有革命的运动。……只有以先进理论为指南的党，才能实现先进战士的作用。”[④] 马克思主义理论素养是领导干部思想政治素质的核心和灵魂。提升政治领导力，必须抓住、抓紧、抓实理论武装这个根本和基础环节，坚持不懈地用习近平新时

---

① 《邓小平文选》第 3 卷，人民出版社 1993 年版，第 63 页。

② 习近平：《在全国党校工作会议上的讲话》，《求是》2016 年第 9 期。

③ 习近平：《决胜全面建成小康社会　夺取新时代中国特色社会主义伟大胜利——在中国共产党第十九次全国代表大会上的报告》，《人民日报》2017 年 10 月 28 日。

④ 《列宁全集》第 6 卷，人民出版社 2013 年版，第 23 页。

代中国特色社会主义思想这一马克思主义中国化的最新成果武装头脑，努力掌握贯穿其中的立场观点方法，始终坚持用习近平总书记一贯倡导的战略思维观大势、历史思维明规律、辩证思维抓根本、创新思维谋发展、法治思维求善治、底线思维争主动，并在中国特色社会主义新时代的伟大实践中丰富和发展这一重大战略思想。陈云同志指出："学习理论，最要紧的，是把思想方法搞对头。"[①] 学习习近平新时代中国特色社会主义思想，要坚持读原著、学原文、悟原理，坚持理论和实践、历史和现实、当前和未来、国际和国内相结合，坚持联系地、系统地、全面地而不是孤立地、零散地、局部地学，真正学深学透、学懂弄通、学以致用。只有学懂弄通，才能深刻理解、准确把握习近平新时代中国特色社会主义思想的历史地位、丰富内涵、科学体系、精神实质和实践要求，切实增强理论认同、思想认同、情感认同；切实增强用习近平新时代中国特色社会主义思想指导实践、推动工作的政治自觉、思想自觉和行动自觉，提高有效应对重大挑战、抵御重大风险、克服重大阻力、解决重大矛盾的能力。要把学习习近平新时代中国特色社会主义思想同学习马克思列宁主义、毛泽东思想、邓小平理论、"三个代表"重要思想和科学发展观结合起来，深刻领会贯穿其中的马克思主义立场观点方法，深刻理解我们党与时俱进的理论品格和党的创新理论一脉相承的逻辑体系，深刻把握蕴含其中的坚定信仰信念、鲜明人民立场、强烈历史担当、求真务实作风、勇于创新精神和科学思想方法。同时，还要针对知识空白、经

---

① 《陈云文选》第 3 卷，人民出版社 1995 年版，第 46 页。

验盲区、能力弱项和模糊认识，通过学习增加知识储备、完善知识结构、提升理论素养、澄清模糊认识，着力避免陷入少知而迷、不知而盲、无知而乱的困境，着力克服本领不足、本领恐慌、本领落后的问题，不断提高领导工作的专业化、科学化水平。

3. 用复杂的斗争实践锻造政治领导力。斯大林指出："真正的干部，只有在同困难作斗争中才能锻炼出来。"[①] 温室里长不出参天大树，安逸中育不出栋梁之材。从古今中外的历史看，卓越的政治领导力都是在时代的风口浪尖上和复杂的斗争实践中锻造出来的。锻造政治领导力，必须要有迎着困难上、坚决打胜仗的挑战精神，主动去挑最重的担子、主动去啃最硬的骨头、主动去接最烫的山芋，责任面前不推诿、矛盾面前不躲闪、困难面前不退缩，在完成急难险重任务的履职实践中培养奋斗精神、磨炼过硬作风、锤炼领导艺术、增强政治本领。必须要有"逢山开路、遇河架桥"的开拓精神。逢山开路、遇河架桥是中华民族生生不息的精神写照，体现的是一种不服输、不停滞、永向前的精神状态。在新时代的长征路上，还有很多的高山险岭需要跨越，有很多的急流险滩需要跋涉。如果消极懈怠，一味抱着"车到山前必有路，船到桥头自然直"的消极心态，最终什么事情也做不成、干不好。必须要有不畏强权、不惧强敌的斗争精神。敢于斗争、善于斗争是共产党人鲜明的精神特质的生动体现。新时代面临新挑战，必须发扬斗争精神，既要有兵来将挡，水来土掩的斗争本领，又要掌握借力发力、借势谋势的斗争

---

① 《斯大林选集》下卷，人民出版社 1979 年版，第 55 页。

艺术，敢于、善于同党内一切不正之风和破坏党团结统一的一切行为作最坚决的斗争，使自己在复杂的斗争实践中经受风浪考验和政治历练，积累和丰富政治经验、政治智慧，增强政治领导本领。

4. 用严肃认真的党内政治生活淬炼政治领导力。严肃、认真的党内政治生活是全面从严治党的基础，是解决党内矛盾和问题的“金钥匙”，也是广大党员、干部锤炼党性的“大熔炉”，是纯洁党风的“净化器”。“不经烈火，难炼真金；不经风雨，难见彩虹。”历史经验表明，党要管党，必须从党内政治生活管起；从严治党，必须从党内政治生活严起。开展严肃认真的党内政治生活是加强党的政治建设、推进全面从严治党的重要抓手、重要任务和基本途径，也是淬炼政治领导力的重要手段。要紧紧围绕增强党内政治生活的政治性、时代性、原则性、战斗性，把鲜明的问题导向、强烈的整风精神和做“战士”不做“绅士”的政治担当贯穿到党内政治生活的各个方面、各个环节。要认真坚持和完善民主集中制。凡属重大问题，必须按照民主集中制原则决策，决策形成后严格按分工、按程序、按规矩抓好落实，把集体智慧充分融入个人工作中，使各项工作既为一域争光、又为全局添彩。要把批评和自我批评的武器亮出来、用起来，敢于刀刃向内，敢于拿自己开刀，真正把自己摆进去，把疮疤揭起来，把问题晒出来，毫无情面地进行自我剖析和党性分析，从思想深处筑牢防止和反对个人主义、分散主义、自由主义、本位主义、好人主义的堤坝，铲除宗派主义、圈子文化、码头文化形成的土壤，从而消除一切损害党的先进性和纯洁性的因素，清除一切侵蚀党的健康肌体的病毒，努力在严肃认真的氛围中锤炼党性、历练作风，在真刀真枪的思想交锋中增进团结、融洽感情，在党内政治生活的熔炉中陶冶政治情操、淬炼政治能力、提升政治领导本领。

5. 用强烈的责任担当体现政治领导力。“战场打不赢，一切等于零。”政治领导力，说到底就是政治上过得硬、打得赢的能力。离开担当精神、担当情怀、担当能力和具体、实际的工作，政治领导力就无从谈起。因此，提升政治领导力，是一个政治命题，也是一个实践命题。党员是党的肌体的细胞，党的干部是党和国家事业的中坚力量。党员、干部有担当，党就有力量，国家就繁荣富强、民族就团结进步、人民就幸福安康。这早已成为不争的事实。作为新时代的共产党人，必须始终保持永不懈怠的精神状态和一往无前的奋斗姿态，以面对大是大非敢于亮剑、面对矛盾敢于迎难而上、面对危机敢于挺身而出、面对失误敢于承担责任、面对歪风邪气敢于坚决斗争的责任担当，诠释政治领导力的丰富内涵，在敢担当、善作为的生动实践中检验和展现政治领导力。

# 增强改革创新本领

党的十九大报告指出，“领导十三亿多人的社会主义大国，我们党既要政治过硬，也要本领高强”，必须“增强改革创新本领，保持锐意进取的精神风貌，善于结合实际创造性推动工作，善于运用互联网技术和信息化手段开展工作”[①]。改革是决定当代中国命运的关键一招，创新是引领发展的第一动力。改革创新是社会主义核心价值体系的基本内容之一，是当代中国时代精神的核心。惟改革者进，惟创新者强，惟改革创新者胜。全面增强执政本领，必须增强改革创新本领。

改革创新是中华民族与生俱来的文化基因和思想品格。古圣先贤倡导并躬身践行的“周虽旧邦，其命维新”“天行健，君子以自强不息”“苟日新，日日新，又日新”“古之善者则诛（述）之，今之善者则作之”等价值理念，都是中华民族革故鼎新、与时俱进的精神写照；从历史上的“四大发明”，到新时代的“蛟龙”入海、“天眼”探空，都是中华儿女改革创新本领的生动体现。历史和现实一再表明，一个不能改革创新的民族，是一个没有灵

---

① 习近平:《决胜全面建成小康社会　夺取新时代中国特色社会主义伟大胜利——在中国共产党第十九次全国代表大会上的报告》,《人民日报》2017年10月28日。

魂的民族；一个不知道改革创新的政党，是一个没有希望的政党；一个不善于改革创新的领导干部，是一个难有作为的干部。

改革创新，既是一种意识、一种责任，也是一种本领。增强改革创新本领，必须解放思想。改革创新是一种复杂而深刻的思想自觉，是一种基于主观能动性的主动识变、应变和求变。思想是行动的先导。有了思想上的自觉，才会有行动上的实践。因此，改革创新的意识和本领，在很大程度上体现为思想解放的程度。解放思想，就是要敢于另辟蹊径，走别人没走过的路；敢于另谋新策，用别人没用过的招，以更大的决心，更大的气魄，冲破思想观念的束缚，突破利益固化的藩篱，大胆实践、大胆探索，始终坚持在基层、在群众中、在实践中寻求答案，在改革和创新中寻求出路。要认真学习新知识、新本领，提高新技能，为改革创新创造必要条件；要研究新情况、新问题，抓住结合点，找出突破口，寻求新办法，制定新措施，为改革创新探索新途径。

增强改革创新本领，必须要有社会大环境的支持。改革创新需要新思想、新观念，更需要大环境、好气候，需要强大社会正能量。要努力营造人人崇尚改革创新、人人精于改革创新、人人致力改革创新的社会环境，让改革创新成为一种新常态、大逻辑。改革创新不是闲庭信步，而是对时代声音的用心聆听，对时代脉搏的敏感触摸，对时代课题的艰辛探索。著名科学家钱学森曾经说过："正确的结果，是从大量错误中得出来的，没有大量错误做台阶，就登不上最后正确结果的高峰。"[①]既然是改革创新，

① 李忠鹏:《化解科技创新的"宽容悖论"》,《光明日报》2018 年 4 月 19 日。

就难免会有失误。事实上，改革创新总是在探索、失败、再探索的不懈追求中走向成功，改革创新本领总是在探索、失败、再探索的接续奋斗中历练提升。鼓励探索，鼓励改革创新，必须加快构建约束与激励相对称的制度体系，既不能让“只能成功，不许失败”的传统认知使改革创新者却步不为，也不能无条件、无原则地宽容失败而让改革创新者放任妄为，努力走出改革创新的“宽容悖论”。既要旗帜鲜明为改革创新的实干家、探索者担当负责，又要按照三个“区分开来”的原则把握好政策界限，严格区分是“犯错”还是“犯规”、是“主观无意”还是“明知故犯”、是“大胆改革”还是“无视规矩”，形成改革创新受崇、改革创新者受宠、违规逾矩者受惩处的良好政治生态和社会风尚，让庸庸碌碌守摊子的人没有位子，让浑浑噩噩混日子的人混不下去，让假改革创新之名、行中饱私囊之实的人赚不到便宜，坚决防止出现“甘井近竭，招木近伐”“出头的椽子先烂”等社会负能量和“劣币驱逐良币”“千里马跑到驴群里被驴踢死”等社会逆淘汰现象。

增强改革创新本领，必须保持锐意进取的精神风貌。“遇事无难易，而勇于敢为。”（欧阳修：《尹师鲁墓志铭》）改革需要精气神，创新需要好状态。良好的精神状态是一种舍我其谁、勇往直前的使命担当，一种踏石留印、抓铁有痕的工作劲头，一种滴水穿石、铁杵成针的责任坚守。良好的精神状态是一心一意想把事情做好的强烈愿望，有了这种强烈的愿望，就可以为改革创新提供源源不断的内生动力；是一种“功成不必在我”的崇高境界，有了这种境界，就能自觉防止和纠正各种急功近利的行为，不贪一时之功、不图一时之名，多干打基础、利长远的事；是一种不达目的不罢休的执着追求，有了这种追求，就会在其位、谋其政，时时把改革创新放在心上、抓在手上，即使在能力和水平上稍有欠缺，同样也改出新招、创出新意、探出新路。

增强改革创新本领，必须强化问题意识。马克思曾深刻指出："主要的困难不是答案，而是问题。""问题就是时代的口号，是它表现自己精神状态的最实际的呼声。"[①] 改革创新不是凭空臆想，也不是闭门造车，而是一个突破惯例和旧制的过程，必须从问题开始。这就要求领导干部必须积极投身实践，在实践中挖掘新材料、发现新问题、提出新观点、形成新思路。要始终坚持问题导向，紧密联系党和国家事业发展中的重大理论与现实问题、广大干部群众关心关注的热点难点问题，深入进行研究、分析和思考，在不断地发现问题、研究问题、解决问题的过程中推动改革创新。要深入基层、深入实际，认真研究新情况，弄清历史脉络、把握趋势规律，运用改革的思维、创新的举措，把党中央的各项决策部署落到实处。

增强改革创新本领，必须善于运用互联网技术和信息化手段开展工作。习近平总书记指出，"信息化为中华民族带来了千载难逢的机遇"[②]。"以信息技术为代表的新一轮科技和产业革命正在萌发，为经济社会发展注入了强劲动力，同时，互联网发展也给世界各国主权、安全、发展利益带来许多新的挑战。"[③] 新时代面临新挑战，各级领导干部要增强改革创新本领，就必须学会、弄

---

① 《马克思恩格斯全集》第 40 卷，人民出版社 1982 年版，第 289—290 页。

② 《习近平在全国网络安全和信息化工作会议上强调，敏锐抓住信息化发展历史机遇，自主创新推进网络强国建设》，《人民日报》2018 年 4 月 22 日。

③ 习近平：《致第四届世界互联网大会的贺信》，《人民日报》2017 年 12 月 4 日。

懂、用好网络信息技术，不断提高对互联网规律的把握能力、对网络舆论的引导能力、对信息化发展的驾驭能力、对网络安全的保障能力。要深刻认识网络信息技术在经济社会发展中的作用，抓住智能制造、“互联网 +”、数字经济、共享经济等带来的改革创新浪潮，勇开风气之先，加快新旧动能转换。要强化互联网思维，利用互联网扁平化、交互式、快捷性优势，推进政府决策科学化、社会治理精准化、公共服务高效化，用信息化手段更好感知社会态势、畅通沟通渠道、辅助决策施政。要学会通过网络走群众路线，善于运用网络了解民意、凝聚共识、推动工作，不断提高信息化条件下的改革创新本领和领导水平。

## 增强科学发展本领

党的十九大报告指出，“领导十三亿多人的社会主义大国，我们党既要政治过硬，也要本领高强”，必须“增强科学发展的本领，善于贯彻新发展理念，不断开创发展新局面”①。邓小平同志特别强调：“发展才是硬道理。”② 发展是解决我国一切问题的基础和关键。但发展必须是遵循经济规律的科学发展，必须是遵循

---

① 习近平:《决胜全面建成小康社会　夺取新时代中国特色社会主义伟大胜利——在中国共产党第十九次全国代表大会上的报告》,《人民日报》2017 年 10 月 28 日。

② 《邓小平文选》第 3 卷，人民出版社 1993 年版，第 377 页。

自然规律的可持续发展，必须是遵循社会规律的包容性发展。按照党的十九大的部署要求，深入贯彻新发展理念，不断开创发展新局面，要求各级领导干部必须增强科学发展本领。

## 一、新发展理念是引领科学发展的总遵循

创新、协调、绿色、开放、共享的新发展理念，是在党的十八届五中全会上提出来的。全会强调："实现'十三五'时期发展目标，破解发展难题，厚植发展优势，必须牢固树立并切实贯彻创新、协调、绿色、开放、共享的发展理念。这是关系我国发展全局的一场深刻变革。"[①] 党的十九大进一步指出："必须坚定不移贯彻创新、协调、绿色、开放、共享的发展理念。"[②] 发展理念是发展行动的先导，管全局、管根本、管方向、管长远，是发展思路、发展方向、发展着力点的集中体现。新发展理念是以习近平同志为核心的党中央顺应时代和实践发展的新要求，在深刻总结国内外发展经验教训、分析国内外发展大势的基础上形成的，也是针对我国发展中的突出矛盾和问题提出来的，集中体现了我们党对新的发展阶段基本特征的深刻洞察和科学把握，标志着我们党对经济社会发展规律的认识达到了新的高度，是我国经济社会发展必须长期坚持的重要遵循。新发展理念深刻揭示了实现更高质量、更有效率、更加公平、更可持续发展的必由之路，是引

① 《中国共产党第十八届中央委员会第五次全体会议公报》,《求是》2015 年第 21 期。

② 习近平:《决胜全面建成小康社会　夺取新时代中国特色社会主义伟大胜利——在中国共产党第十九次全国代表大会上的报告》,《人民日报》2017 年 10 月 28 日。

领我国发展全局深刻变革的科学指引，对于进一步转变发展方式、优化经济结构、转换增长动力，推动我国经济实现高质量发展具有重大指导意义。

## 二、增强科学发展本领，核心是增强贯彻新发展理念的本领

增强科学发展本领，说到底就是要增强贯彻新发展理念的本领，也就是要增强创新发展、协调发展、绿色发展、开放发展、共享发展的本领。

### （一）增强创新发展本领

习近平总书记指出："惟改革者进，惟创新者强，惟改革创新者胜"[①]，"创新是引领发展的第一动力，是建设现代化经济体系的战略支撑"[②]。创新发展重在解决发展的动力和活力问题，发展动力决定发展速度、效能、可持续性。对我国这么大体量的经济体来讲，如果动力问题解决不好，要实现经济高质量发展是难以做到的。历史和现实的经验表明，世界经济中心转移和国际竞争格局调整，创新是背后的重要力量；创新在哪里兴起，发展动力就在哪里迸发。18世纪以蒸汽机和动力机械技术为代表的科技创新，带来了世界上第一次产业革命，使英国崛起为世界头号强国；19世纪中期以电机和内燃机为代表的电气化技术创新，带来了第二

① 习近平：《谋求持久发展，共筑亚太梦想——在亚太经合组织工商领导人峰会开幕式上的演讲》，《人民日报》2014年11月10日。

② 习近平：《决胜全面建成小康社会　夺取新时代中国特色社会主义伟大胜利——在中国共产党第十九次全国代表大会上的报告》，《人民日报》2017年10月28日。

次产业革命，使德国跃升为世界工业强国，美国到19世纪末成为世界头号经济大国；20世纪以电子和信息技术为代表的科技革命，推动了第三次产业变革，使美、德、法、英等国进入工业化成熟期，日本抓住了此次机会实现了经济腾飞。由此可见，坚持创新发展，是应对发展环境变化、增强发展动力、把握发展主动权、更好引领新常态的根本之策，也是分析近代以来世界发展历程特别是总结我国改革开放成功实践得出的科学结论。可以说，一个国家和民族的创新能力，从根本上影响甚至决定国家和民族前途命运；抓住了创新，就抓住了牵动经济社会发展全局的“牛鼻子”。增强创新发展本领，必须牢固树立创新发展理念，既要坚持全面系统的观点，又要抓住关键，以重要领域和关键环节的突破带动全局。要坚持把创新摆在国家发展全局的核心位置，着力实施创新驱动发展战略，不断推进理论创新、制度创新、科技创新、文化创新等各方面创新，让创新贯穿党和国家一切工作，让创新在全社会蔚然成风。一是善于培养创新人才，即培养造就一大批具有国际水平的战略科技人才、科技领军人才、青年科技人才和高水平创新团队。二是着力推动科技创新与经济社会发展紧密结合，建立以企业为主体、市场为导向、产学研深度融合的技术创新体系，加强对中小企业创新的支持，促进科技成果转化。政府要集中力量抢占制高点，瞄准世界科技前沿，强化基础研究，实现前瞻性基础研究、引领性原创成果重大突破，为建设科技强国、质量强国、航天强国、网络强国、交通强国、数字中国、智慧社会提供有力支撑。三是深化科技创新的体制改革，用制度激发科研活力。制度创新是增强创新发展能力的保障。要强化制度供给，建立有利于创新发展的制度保障，打通体制机制中的障碍，提供好的发展环境；同时倡导强化知识产权创造、保护、运用。四是着力扩大科技开放合作，充分利用全球创新资源，在更高起点上推进自主创新。

连续10年位列中国民营企业500强之首的华为公司，最初创业是开小铺子，什么挣钱干什么，甚至卖过减肥药。华为起家凭借的是“贸工技”战略，即帮人代买小型电话交换机掘得第一桶金。在做代理的过程中，华为每每因为没有自主技术而受制于人。痛定思痛之后，毅然尝试技术创新，进而走上自主研发之路，实现了由“贸工技”到“技工贸”的华丽转身，最后依靠自主核心技术占据市场主动权，把企业打造成既大更强的国际化企业。如今的华为，已经成为中国创造的代名词。①

习近平总书记在庆祝改革开放40周年大会上指出：“创新是改革开放的生命。”② 创新强则国运昌，创新弱则国运殆。在国际发展竞争日趋激烈和我国发展动力转换的形势下，实现持续健康发展，必须坚定不移贯彻创新发展理念，走好创新发展之路。

### （二）增强协调发展本领

协调是持续健康发展的内在要求，也是经济社会发展的根本方法。协调发展理念，是认识把握协调发展规律提出来的，是总结中外经济社会发展经验教训提出来的，是正视我国发展存在的不平衡问题提出来的，目的在于促进我国经济社会行稳致远。

---

① 陶勇：《联想做大，华为做强》，电子工业出版社2018年版，第5—6页。

② 习近平：《在庆祝改革开放40周年大会上的讲话（2018年12月18日）》，《人民日报》2018年12月19日。

列宁指出："发展是对立面的统一。"[1] 发展是一个整体、一个系统，需要各方面、各环节、各因素协调联动。需求无限性与供给有限性的矛盾、此消彼长或此强彼弱的矛盾、发展慢与发展快的矛盾长期存在。消弭这些矛盾，既要推进发展，又要搞好协调，实现统筹兼顾、综合平衡。我国改革开放40年，取得了令世人叹服的伟大成就，积累了许多具有超越时空意义的宝贵经验，但同时也伴随着"成长的烦恼"，这就是我国的发展长期存在着不协调的问题，突出表现在区域、城乡、经济和社会、物质文明和精神文明、经济建设和国防建设等关系上。在经济发展水平落后的情况下，一段时间的主要任务是要跑得快，但跑过一定路程后，就要注意调整关系，注重发展的整体效能，否则"木桶效应"就会愈加显现，一系列社会矛盾会不断加深。贯彻协调发展理念，核心是补齐短板，解决发展不平衡不充分的问题。增强协调发展本领，必须牢牢把握中国特色社会主义事业总体布局，正确处理发展中的重大关系，统筹推进西部大开发、东北全面振兴、中部地区崛起、东部率先发展，促进和推动区域协调发展、城乡协调发展、物质文明精神文明协调发展，推动经济建设国防建设融合发展。要善于总揽全局、协调各方。既将新时代协调发展作为发展手段和目标，又作为评价发展的标准和尺度；既着力破解难题、补齐短板，又考虑巩固和厚植原有优势，两方面相辅相成、相得益彰；不搞平均主义，既注重发展机会公平、更注重资源配置均衡；坚持找出短板，在补齐短板上多用力，通过补齐短板挖掘发展潜力、增强发展后劲；坚持各个领域综合发展，统

---

① 《列宁选集》第2卷，人民出版社1972年版，第713页。

筹推进“五位一体”总体布局，协调推进“四个全面”战略布局，不断增强发展整体性协调性。

“协调”是相对“不协调”来说的。不协调的发展往往会使国家发展落入“陷阱”、陷入灾难。苏联解体，就与他们在经济领域长期优先推进工业化，优先发展重工业，致使工农业发展严重失衡有关，值得引以为戒[①]。第二次世界大战结束不久，许多国家和地区进入中等收入发展阶段，协调好的国家和地区跨过了“中等收入陷阱”，协调不好的国家则落入了“中等收入陷阱”，难以进入高收入发展阶段。拉美地区和东南亚一些国家则是陷入“中等收入陷阱”的典型代表。这些国家之所以陷入“中等收入陷阱”，原因固然是多方面的，但没有理顺发展关系是一个非常重要的原因。他们不仅错失了发展模式转换时机，也没有对发展的公平性予以高度重视，以致贫富悬殊，社会严重分化，引发了激烈的社会动荡，甚至政权更替。以阿根廷等拉美国家为例，在工业化初期实施进口替代战略后，未能及时转换发展模式，而是继续推进耐用消费品和资本品的进口替代，即使在20世纪70年代初石油危机后，还是维持“举债增长”，使进口替代战略延续了半个世纪，最终不能跨越“中等收入陷阱”。

**（三）增强绿色发展本领**

习近平总书记指出：“绿色发展，就其要义来讲，是要解决好人与自然和谐共生问题。”[②]绿色是永续发展的必要条件和人民对美好生活向往的重要体现。人因自然而生，“人本身是自然界

---

① 中共中央组织部干部教育局：《领航中国》，党建读物出版社2017年版，第108页。

② 《习近平谈治国理政》第2卷，外文出版社2017年版，第207页。

的产物，是在自己所处的环境中并且和这个环境一起发展起来的”[①]，人类必须清醒地认识到人与自然界的一体性、共生性，坚决摒弃“那种把精神和物质、人类和自然、灵魂和肉体对立起来的荒谬的、反自然的观点”[②]，人类对自然界的改造，必须以利用自然、尊重自然规律为基础，否则就会受到大自然的惩罚。古今中外，这方面的事例很多。恩格斯在《自然辩证法》一书中警告说:“我们不要过分陶醉于我们人类对自然界的胜利。对于每一次这样的胜利，自然界都对我们进行报复。……美索不达米亚、希腊、小亚细亚以及其他各地的居民，为了得到耕地，毁灭了森林，但是他们做梦也想不到，这些地方今天竟因此而成为不毛之地。……阿尔卑斯山的意大利人，当他们在山南坡把那些在山北坡得到精心保护的枞树林砍光用尽时，没有预料到，这样一来，他们把本地区的高山畜牧业的根基毁掉了；他们更没有预料到，他们这样做，竟使山泉在一年中的大部分时间内枯竭了，同时在雨季又使更加凶猛的洪水倾泻到平原上。”[③]我国目前植被稀少的黄土高原、渭河流域、太行山脉等，历史上也曾是森林遍布、山清水秀，地宜耕植、水草便畜。由于毁林开荒、乱砍滥伐，这些地方生态环境遭到严重破坏。塔克拉玛干沙漠的蔓延，湮没了盛极一时的丝绸之路。楼兰古城因屯垦开荒、盲目灌溉，导致孔雀河改道而衰落。这些历史的教训，必须永远铭刻在心。

当前，我国生态环境保护形势依然非常严峻，人民群众对

① 《马克思恩格斯选集》第 3 卷，人民出版社 2012 年版，第 410 页。

② 《马克思恩格斯全集》第 20 卷，人民出版社 1971 年版，第 520 页。

③ 《马克思恩格斯选集》第 3 卷，人民出版社 2012 年版，第 998 页。

清新空气、干净饮水、安全食品、优美环境的要求越来越强烈；老百姓过去“盼温饱”，现在“盼环保”；过去“求生存”，现在“求生态”。绿色发展，既是坚持科学发展的实践，也是引领科学发展的理论。绿色发展理念作为一种理论形态，是马克思主义生态理论与我国发展实践相结合的产物，是马克思主义生态理论中国化时代化的最新成果。增强绿色发展本领，必须牢固树立绿色发展理念，坚持绿色富国、绿色惠民，推动形成绿色发展方式和生活方式，协同推进人民富裕、国家富强、中国美丽。要始终不渝坚持节约资源和保护环境的基本国策，坚持可持续发展，坚定走生产发展、生活富裕、生态良好的文明发展道路，加快建设资源节约型、环境友好型社会，形成人与自然和谐发展现代化建设新格局，推进美丽中国建设，为全球生态安全作出新贡献。一是牢固树立绿水青山就是金山银山的理念，敬畏自然、尊重自然、顺应自然和保护自然。二是加快建立绿色生产和消费的法律制度和政策导向，建立健全绿色低碳循环发展的经济体系。以绿色技术创新为关键，推进绿色发展，形成绿色生产方式；同时倡导简约适度、绿色低碳的生活方式，反对奢侈浪费和不合理消费，自觉开展绿色行动体系。三是坚持全民共治、源头防治，持续开展大气污染防治、水污染防治、土壤污染管控和修复、农村人居环境整治、固体废弃物和垃圾处置等行动，着力解决突出环境问题。四是加大生态系统保护力度。实施重要生态系统保护和修复重大工程，优化生态安全屏障体系，构建生态廊道和生物多样性保护网络，提升生态系统质量和稳定性。完成生态保护红线、永久基本农田、城镇开发边界三条控制线划定工作。五是改革生态环境监管体制。加强对生态文明建设的总体设计和组织领导，设立国有自然资源资产管理和自然生态监管机构，完善生态环境管理制度，统一行使全民所有自然资源资产所有者职责，统一行使所有国土空间用途管制和生态保护修复职责，统一行使监管城乡各类污染排放和行政执法职责。

山西省右玉县地处毛乌素沙漠的天然风口地带，原本是一个风沙成患、山川贫瘠的不毛之地。1949 年新中国成立时，全县 1969 平方千米的土地，仅剩 5.3 平方千米（约 8000 亩）的残林，森林覆盖率只有 0.3%，沙地面积达 1500 平方千米，占全县土地面积的 76.1%。由于生态系统全面退化，右玉气候长期处于寒冷干旱状态，年平均气温 3.6℃，年均降水量 400 多毫米，几乎日日有强风和沙尘暴，一年 6 级以上大风天气达 28.8 天。霜冻冰雹、水土流失、干旱等自然灾害频发，曾有环境专家将右玉列入“最不适宜人类生存的地区”。然而，经过 60 多年的绿色发展，一个风沙弥漫、荒漠遍布的不毛之地，变成了草木葱茏、如诗如画的塞外绿洲。如今的右玉县，森林覆盖率达到 54%，是天然的温室和“大氧吧”，降水量比周边地区平均高出 30 多毫米，沙尘天数比新中国成立初期减少了一半。2010 年，右玉还被联合国授予“最佳宜居生态县”[①]。

“生态兴则文明兴，生态衰则文明衰。”[②]右玉绿色发展的实践表明：保护生态环境就是保护生产力、改善生态环境就是发展生

① 中共中央组织部干部教育局:《领航中国》，党建读物出版社 2017 年版，第 121—128 页。

② 《习近平在全国生态环境保护大会上强调，坚决打好污染防治攻坚战，推动生态文明建设迈上新台阶》，《人民日报》2018 年 5 月 20 日。

产力。增强绿色发展本领，必须牢固树立“绿水青山就是金山银山”的绿色发展理念，敬畏自然，保护自然，绝不能以牺牲生态环境为代价换取经济的一时发展。要尽可能增加绿色资产，为子孙后代留下可持续发展的“绿色银行”。

**（四）增强开放发展本领**

马克思主义经典作家的对外开放思想是我国开放发展的理论基础。马克思在批判地继承黑格尔的“世界历史”思想基础上，认为商品经济、社会化大生产、交通工具的发展、国际交往不断扩大以及世界市场的形成，使“一切国家的生产和消费都成为世界性的了”[①]，世界有机整体与各个民族和国家日益转化为有机整体和它的有机组成部分的关系。开放意味着自信，是一个国家具有世界竞争力的重要标志，也是推动发展的强大动力。邓小平同志多次说过，“现在的世界是开放的世界”[②]，“不要关起门来，我们最大的经验就是不要脱离世界，否则就会信息不灵，睡大觉，而世界技术革命却在蓬勃发展”[③]。党的十八大以来，习近平总书记反复强调，改革开放是我们党的一次伟大觉醒，是决定当代中国命运的关键一招，“开放带来进步，封闭必然落后”[④]，“一个国家能不能富强，一个民族能不能振兴，最重要的就是看这个国家、这个民族能不能顺应时代潮流，掌握历史前进的主动

① 《马克思恩格斯选集》第1卷，人民出版社2012年版，第404页。

② 《邓小平文选》第3卷，人民出版社1993年版，第64页。

③ 《邓小平文选》第3卷，人民出版社1993年版，第290页。

④ 习近平:《决胜全面建成小康社会　夺取新时代中国特色社会主义伟大胜利——在中国共产党第十九次全国代表大会上的报告》,《人民日报》2017年10月28日。

权”[1]。实践告诉我们，开放是国家繁荣发展的必由之路，要发展壮大，必须主动顺应经济全球化潮流，坚持对外开放。要看到现在推进开放发展面临的国际国内形势与以往有很大不同，国际经济合作和竞争局面正在发生深刻变化，全球经济治理体系和规则正在面临重大调整，引进来、走出去在深度、广度、节奏上都是过去所不可比拟的，应对外部经济风险、维护国家经济安全的压力也是过去所不能比拟的。增强开放发展本领，必须牢固树立开放发展理念，注重提高对外开放的质量和发展的内外联动性。要顺应我国经济深度融入世界经济的趋势，奉行互利共赢的开放战略，坚持内外需协调、进出口平衡、引进来和走出去并重、引资和引技引智并举，发展更高层次的开放型经济，积极参与全球经济治理和公共产品供给，提高我国在全球经济治理中的制度性话语权，构建广泛的利益共同体，实现统筹国内国外两个大局、两个市场、两种资源和两类规则，提升抵御外来风险的能力。

近年来，由中国铁路总公司牵头的中国企业联合体抱团出海，实现印度尼西亚雅加达至万隆高铁、俄罗斯莫斯科至喀山高铁、马来西亚吉隆坡至新加坡高铁等境外项目合作的突破性进展。随着铁路走出去战略的全面推进，实现了中国高铁技术标准、设计咨询、工程建设、装备制造、人员培训和运营维护等全方位输出和合作，中国高铁已经从“中国制造”走向“中国标准”。而在“中国标准”的背后，还有一组令人振奋的数据：1 亿元的高铁投入，可以带动 0.3 亿元金属冶金、0.7 亿元铁路基建、

① 《习近平谈治国理政》第 2 卷，外文出版社 2017 年版，第 210 页。

0.3 亿元装备制造业、0.2 亿元的机械工业产值。2016 年、2017 年，我国高铁投入都在 8000 亿元以上，对消化产能、拉动经济的作用巨大。

创新激发活力，开放带来进步。过去，中国需要卖掉 8 亿件衬衫才能换来一架波音飞机，一直在国人心中隐隐作痛；今天，作为中国海外基建投资的“排头兵”，中国高铁创造了具有完全自主知识产权和世界先进水平的高速铁路技术体系，让世界刮目相看，成为国家对外交往的靓丽名片[①]。

### （五）增强共享发展本领

共享发展注重的是解决社会公平正义问题。美国著名哲学家、伦理学家罗尔斯在《正义论》中指出：“公正是社会制度的首要价值，正像真理是思想体系的首要价值一样。”[②] 新中国成立初期，毛泽东同志就说过：“现在我们实行这么一种制度，这么一种计划，是可以一年一年走向更富更强的，一年一年可以看到更富更强些。而这个富，是共同的富，这个强，是共同的强，大家都有份。”[③]1990 年 12 月，邓小平同志在同几位中央负责同志谈话时指出：“共同致富，我们从改革一开始就讲，将来总有一天要成为中心课题。社会主义不是少数人富起来、大多数人穷，不是那个样子。社会主义最大的优越性就是共同富裕，这是体现社会主义本质的一个东西。”[④] 晚年他又极富预见性地说：“十二亿人口怎

---

① 中共中央组织部干部教育局：《领航中国》，党建读物出版社 2017 年版，第 208—216 页。

② 〔美〕约翰·罗尔斯：《正义论》，何怀宏等译，中国社会科学出版社 1988 年版，第 231 页。

③ 《毛泽东文集》第 6 卷，人民出版社 1999 年版，第 495 页。

④ 《邓小平文选》第 3 卷，人民出版社 1993 年版，第 364 页。

样实现富裕，富裕起来以后财富怎样分配，这都是大问题。题目已经出来了，解决这个问题比解决发展起来的问题还困难。”[①]中国特色社会主义新时代，习近平总书记进一步强调：“共享理念实质就是坚持以人民为中心的发展思想，体现的是逐步实现共同富裕的要求。共同富裕，是马克思主义的一个基本目标，也是自古以来我国人民的一个基本理想。”[②]“治天下也，必先公，公则天下平矣。”（《吕氏春秋·贵公》）让广大人民群众共享改革发展成果，是社会主义的本质要求，是社会主义制度优越性的集中体现，是我们党坚持全心全意为人民服务根本宗旨的重要体现。这方面问题解决好了，全体人民推动发展的积极性、主动性、创造性就能充分调动起来，国家发展也才能具有最深厚的伟力。增强共享发展本领，必须牢固树立共享发展理念，坚持发展为了人民、发展依靠人民、发展成果由人民共享，使全体人民有更多获得感、幸福感、安全感，朝着共同富裕方向稳步前进。共享发展是一个渐进的历史过程，是全民共享、全面共享、共建共享、渐进共享的有机统一。一是全民共享，即共享发展是人人享有、各得其所，不是少数人共享、一部分人共享。二是全面共享，即共享发展就要共享国家经济、政治、文化、社会、生态文明各方面建设成果，全面保障人民在各方面的合法权益。三是共建共享，即只有共建才能共享，共建的过程也是共享的过程。四是渐进共享，即共享发展必将有一个从低级到高级、从不均衡到均衡的过程，即使达到很高的水平也会有差别。贯彻共享发展理念，就必须要作

① 金冲及：《向开国领袖学习工作方法》，生活·读书·新知三联书店 2016 年版，第 124 页。

② 《习近平谈治国理政》第 2 卷，外文出版社 2017 年版，第 214 页。

出更有效的制度安排，使全体人民在共建共享发展中有更多获得感，增强发展动力，增进人民团结，朝着共同富裕方向稳步前进。

甘肃省地处我国西北部，自然条件不佳，经济基础薄弱，历来是贫困多发地区。改革开放以来，经过锲而不舍的努力，甘肃省不仅结束了“一方水土养活不了一方人”的历史，而且还创造了我国扶贫开发史上的多项第一。但是，到2012年底，全省仍有贫困人口692万，排全国第七；贫困发生率33.2%，排全国第二。

一方面，甘肃省扶贫开发事业不断取得新的成效。2012年，甘肃省立足扶贫开发新实践、着眼全面建成小康社会新要求，在全省组织实施了以“单位联系贫困村，干部联系贫困户”为主要内容的双联行动，全省各级1.4万多个双联单位联系1.5万多个村、40.8万名双联干部联系101.3万贫困户，拉开了举全省之力向贫困宣战的序幕。2013年以来，甘肃积极组织实施“1236”扶贫攻坚行动，全省贫困人口由692万减少到417万，贫困发生率由33.2%下降到20.1%，全省农民人均纯收入由4507元增加到5736元，走出了一条扶贫新路子，开了个好头。

另一方面，甘肃省扶贫开发形势依然严峻。全省58个片区县和17个“插花型”贫困县中，80%的贫困村和66%的贫困人口集中在六盘山片区、秦巴山片区和藏区三大片区，山大沟深，高寒阴湿，生态脆弱，灾害频发。这些地区贫困发生率达41%，农民人均纯收入仅为全省贫困地区平均水平的60%，扶持成本高、脱贫难度大，返贫现象突出。

为此，他们按照共享发展理念，决心最大限度地挖掘、整合、利用好有限的资源和力量，围绕对象、目标、内容、方式、考核、保障“六个精准”，制定出台了“1+17”精准扶贫精准脱贫工作方案，注重各项工作、各类要素的系统性、整体性、协同性，统筹推进重点领域和关键环节，实现各项政策举措有机衔接、良性互动，形成了精准扶贫精准脱贫的强大合力[①]。

## 三、增强科学发展本领，必须要有“功成不必在我”的大境界和“建功必须有我”的真担当

人生不是一支短暂燃烧的蜡烛，而是一支暂时由我们拿着的永不熄灭的火炬。需要我们把它高高举起，让它发出耀眼的光亮，然后交给接替我们的人。而发展则是一个历史进程，需要一茬接着一茬干，一棒接着一棒跑。增强科学发展本领是一个实践命题，需要在推动科学发展的实践中体现和检验。领导干部作为贯彻新发展理念的组织者、推动者和领导者，必须树立正确的政绩观、从政观，必须要有“功成不必在我”的大境界，多做打基础、利长远的事。要正确处理总量与质量、速度与效益、城市与农村、开发与保护、发展与民生的关系，更加注重提高经济增长的质量和效益，更加注重加强城乡基础设施建设，更加注重资源节约和环境保护，更加注重加强社会管理和改善民生，真正做到胸中有全局、肩上有责任、心里有敬畏。要注重保持政策的稳定性和工作的连续性，兼顾当前利益和长远利益，既要注重当前，更要着眼长远，决不能“一届班子出政绩，几届班子背包袱”。

① 中共中央组织部干部教育局:《领航中国》，党建读物出版社 2017 年版，第 245—253 页。

要坚持从经济社会发展的实际出发，不提脱离现实的高指标，不喊吸引眼球的空口号，不搞劳民伤财的“形象工程”“政绩工程”。要正确处理承前与启后、继往与开来的关系，多补前人缺，多铺后人路，决不能“只想乘凉，不想栽树”。

推动科学发展，必须要有“建功必须有我”的真担当。行胜于声。中国特色社会主义新时代属于每一个人，每一个人都是新时代的见证者、开创者、建设者。新时代要有新气象、新作为。在中国特色社会主义新时代，每一个党员干部都要不忘初心，牢记使命，增强政治定力，提高政治站位、政治觉悟和政治能力，争做行动派、实干家，不做口头派、空谈家，始终同人民想在一起、干在一起。要有一种“马上就办”的精神，一刻也不能耽误，一会儿也不能停留，把时间这个最稀缺的资源利用好、发挥好。要大力弘扬脚踏实地、真抓实干的优良作风，既当改革的促进派，又当改革的实干家。要创新工作方法，以日新精神、精进态度，谋定后动、统筹兼顾，增强把握复杂局面的能力，提高破解难题的本领。

# 增强法治思维能力

党的十九大报告指出，“领导十三亿多人的社会主义大国，我们党既要政治过硬，也要本领高强”，必须“增强政治领导本领，坚持战略思维、创新思维、辩证思维、法治思维、底线思维，科学制定和坚决执行党的路线方针政策，把党总揽全局、协调各方落到实处”[①]。在党的十九届一中全会上又进一步强调：“在新时代的征程上，全党同志一定要适应新时代中国特色社会主义的发展要求，提高战略思维、创新思维、辩证思维、法治思维、底线思维能力，增强工作的原则性、系统性、预见性、创造性。”[②]思维是人的一种主观精神活动，思维方式是人们看问题的角度、方法。思维方式不同，看问题的角度、方法就有所不同。增强法治思维能力，就是增强“善用法治思维想问题、作判断、出措施，以法治凝聚共识、规范发展、化解矛盾、保障和谐，为实现中华民族伟大复兴凝聚人心、汇聚力量”[③]的

---

① 习近平：《决胜全面建成小康社会　夺取新时代中国特色社会主义伟大胜利——在中国共产党第十九次全国代表大会上的报告》，《人民日报》2017 年 10 月 28 日。

② 习近平：《在党的十九届一中全会上的讲话》，《求是》2018 年第 1 期。

③ 《中共中央召开党外人士座谈会，习近平主持并发表重要讲话》，《人民日报》2018 年 1 月 21 日。

能力。

毛泽东同志早就说过："法令者，代谋幸福之具也。"[①] 法治是国家治理的基本方式，也是国家治理能力和治理体系现代化的重要标志。全面依法治国，是党的十八大以来以习近平同志为核心的党中央作出的重大决策部署，是建设法治国家、法治政府、法治社会的必然要求，是国家治理领域一场广泛而深刻的革命。领导干部作为全面推进依法治国的重要组织者、推动者、实践者，必须切实提高法治素养和法治思维能力，自觉做社会主义法治的忠实崇尚者、模范遵守者、坚定捍卫者，自觉运用法治思维和法治方式深化改革、推动发展、化解矛盾、维护稳定。

增强法治思维能力，必须树立法律信仰。美国法学家哈罗德·伯尔曼曾经说过："法律必须被信仰，否则它将形同虚设。"[②] 法律的权威源自人民的内心拥护和真诚信仰。人民群众对法治的信仰是推进全面依法治国的内在动力，是法治中国建设的精神支撑。真正意义上的法治，并不完全取决于法律条文有多么严厉、严密，也不仅仅体现在公民对法律条文的了解有多么深刻、透彻，而在于能否把法治精神、法治意识、法治观念内化于心、外践于行。没有人们对法律的信仰，纵使世界变成"法律的藏书楼"[③]也是枉然。只有让法治成为人们仰视而守、俯身而行的共同信仰，才能够在内心深处培养起对法律的情感、尊崇和敬畏，从

---

① 中共中央文献研究室：《毛泽东年谱（1893—1949）》上卷，中央文献出版社 2013 年版，第 12 页。

② 〔美〕伯尔曼：《法律与宗教》，梁治平译，中国政法大学出版社 2003 年版，第 3 页。

③ "法律的藏书楼"语出彭湃《告同胞书》，见中共中央组织部党员教育中心：《信仰：先驱者的心声》，人民出版社 2013 年版，第 48 页。

而自觉地形成和运用法治思维方式，不断提高法治思维能力。

增强法治思维能力，必须加强学习，掌握法治思维方式的特点和规律。学法懂法是守法用法、厉行法治的前提，也是增强领导干部法治思维能力的基础。作为领导干部，必须自觉担当领导责任和示范责任，带头加强对法律知识的学习，注重提升法学基本理论素养。要紧密联系个人工作实际，加强对宪法、行政法等知识的学习，熟练掌握与自己工作有关的法律法规，切实增强尊法守法、办事依法、遇事找法、解决问题用法、化解矛盾靠法的思想自觉和行动自觉。要始终心中高悬法律明镜，手中紧握法律戒尺，牢牢把握为官、做事、用权的尺度，想问题、作决策、办事情，时刻不忘法律依据和法定程序，牢记法律红线不可逾越、法律底线不可触碰，不断提高运用法治思维和法治方式开展工作、解决问题、推动发展的能力，当好全面依法治国的推动者、守护者。

增强法治思维能力，必须重视德治的力量。法国伟大的启蒙思想家、哲学家卢梭说过："只有道德，虽发展缓慢，却终究会形成制度不可撼动的基石。"① 习近平总书记也指出："法律是成文的道德，道德是内心的法律。法律和道德都具有规范社会行为、调节社会关系、维护社会秩序的作用，在国家治理中都有其地位和功能。"②"为无为，则无不治。"(《道德经》第三章）我国的德治历史源远流长，德治思想独成一体，德治实践卓有成效，在中华民

---

① 〔法〕卢梭:《社会契约论》，刘莹译，煤炭工业出版社 2017 年版，第 50 页。

② 《习近平在中共中央政治局第三十七次集体学习时强调，坚持依法治国和以德治国相结合，推进国家治理体系和治理能力现代化》，《人民日报》2016 年 12 月 11 日。

族文明演进的伟大历程中发挥了重要作用。在中国特色社会主义新时代，作为治国理政的重要方式，德治依旧独具魅力和优势。法安天下，德润人心。法律有效实施有赖于道德支持，道德践行也离不开法律约束。推进全面依法治国，必须把法律强制性的约束力与道德浸润性的教化力结合起来，以法治承载道德理念，使道德有可靠制度支撑，让社会主义法治真正成为良法善治。要大力弘扬中华优秀传统文化，善于从中华民族讲仁爱、重民本、尚和合等传统道德理念和礼法相依、崇德重礼、正心修身的历史智慧中吸收营养，增强法治思维能力的道德底蕴。

## 坚持群众路线，增强群众工作本领

习近平总书记指出："时代变化了，但从群众中来、到群众中去的工作方法不能变。"[①]"从群众中来、到群众中去"的工作方法，是坚持党的群众路线的形象化说法。群众观点是马克思主义的基本观点，群众路线是党的生命线和根本工作路线。新时代新使命新征程，广大党员干部要自觉树立群众观念，坚持群众路线，增强群众工作本领，不断推动新时代党和国家事业取得新进展。

① 《习近平在同中华全国总工会新一届领导班子成员集体谈话时强调，团结动员亿万职工积极建功新时代，开创我国工运事业和工会工作新局面》，《人民日报》2018 年 10 月 30 日。

## 一、深入理解坚持党的群众路线的科学内涵

坚持党的群众路线，有极其丰富的内涵和要求。现实中，一些党员干部对党的群众路线缺乏正确认识，在思想认识、感情观念、工作方法上存在偏差，把对党负责和对人民负责的关系对立起来，使党群关系从鱼水情深、水乳交融变成油水分离甚至水火不容。纠正错误认识，树立群众观念，必须从辩证的观点来全面认识和理解群众路线的科学内涵。

第一，坚持对党忠诚与向人民负责的统一。党的根本立场是人民立场，党的根本宗旨是全心全意为人民服务。能否站稳党的根本立场、践行党的根本宗旨，集中体现着党员干部的党性。坚持党的群众路线是坚持党的根本立场和践行党的根本宗旨的必要途径和方法，这理应是每位党员干部的政治态度，也是观察一个党员对党忠诚与否的重要维度。对党忠诚与向人民负责是有机统一的。历史和实践证明，只有保持对党忠诚，才能更好地也更有保障地向人民负责；也只有向人民负责，才能坚定并不断地升华党员对党的忠诚和群众对党的拥护与热爱。

第二，坚持群众路线是科学方法，体现着党的领导方法和工作方法的统一。党的群众路线首先是一种领导方法。党为了实现社会主义和共产主义的目标，要求自己在领导人民进行革命和建设中坚持“一切为了群众，一切依靠群众，从群众中来，到群众中去”的方式或方法。毛泽东同志强调，如果“意见不是从群众中来，就不可能制定出好的路线、方针、政策和办法。我们的领导机关，就制定路线、方针、政策和办法这一方面说来，只是一个加工工厂。……工厂没有原料就不可能进行加工。没有数量上

充足和质量上适当的原料，就不可能制造出好的成品来”[①]。“加工工厂”这个提法，生动表达了群众路线的内涵，表达了领导与群众的真实关系。党的群众路线还是一种工作方法，为了做好党的各项工作，各级党员干部都要积极发动群众，充分调动他们的主动性和创造性。群众路线的领导方法和工作方法是辩证统一的，绝不是截然分开甚或对立的，前者决定着后者的选择，后者能动地影响着前者的实施和成效。我们只有创造条件使之相辅相成、相得益彰，才能使党的领导和具体工作都达到预期的效果。

第三，坚持群众路线是学习群众与引导群众的统一。毛泽东同志一再强调，中国共产党如果脱离了群众，必将一事无成，只有紧紧依靠群众，充分调动最广大人民的积极性、主动性、创造性，才能实现党所提出的各项任务目标。他要求：“我们的政策，不光要使领导者知道，干部知道，还要使广大的群众知道。”“群众知道了真理，有了共同的目的，就会齐心来做。”“群众齐心了，一切事情就好办了。”[②]运用“从群众中来、到群众中去”的方法，可以充分地了解民意和民心所向，了解其所思所想所需，更有针对性地为民服务；可以汇聚群众智慧，为党的科学决策奠定坚实的思想和认识基础。同时，坚持群众路线，要有“来”有“去”，把从群众中汇聚的民意、民智升华、提炼返回群众中，引导群众听党话、跟党走，要防止尾巴主义，把服务与引导相统一。

第四，坚持群众路线是规范权力运行、增强“权力是人民赋予的”意识与“权为民所用”行为的统一。党的群众路线是领导

---

① 《毛泽东文集》第 8 卷，人民出版社 1999 年版，第 294 页。
② 《毛泽东选集》第 4 卷，人民出版社 1991 年版，第 1318 页。

方法和工作方法的有机统一，这不仅是就执政的共产党来说的，也是对各级握有权力的党员领导干部来说的。我国《宪法》明确规定："中华人民共和国的一切权力属于人民。"各级党员领导干部都应意识到"权力是人民赋予的，要为人民用好权，让权力在阳光下运行"，反对以权谋私。坚持党的群众路线，就是要充分了解广大人民群众的利益、愿望、要求以及困难和疾苦，更好地"用权于民"，实现"权为民所用"。

坚持党的群众路线，内涵丰富而深刻，并跟随时代发展而不断增加新意蕴，我们要在掌握群众路线基本内涵和要求的同时，不断增强群众观念，更新群众工作技能，实现为人民服务意识与能力的与时俱进。

## 二、新时代尤须坚持党的群众路线

中国特色社会主义进入新时代，这是党和国家发展新的历史方位。面临新的历史条件和环境，面对新的社会主要矛盾，要完成新时代的目标和任务，仍然必须继续坚持党的群众路线。

实现中华民族的伟大复兴是我们党在新时代的重大使命。只有坚持党的群众路线，才能把广大人民群众的积极性、创造性充分调动起来，满怀信心投身于为实现中国梦而奋斗的火热实践，形成万众一心、众志成城的磅礴力量。正如习近平总书记所说，实现中华民族伟大复兴的中国梦，根本上要靠包括工人阶级在内的全体人民的劳动、创造、奉献。我们要引导广大干部群众把自身前途命运同国家和民族的前途命运紧紧联系在一起，把个人梦同中国梦紧密联系在一起，把实现党和国家确立的发展目标变成自己的自觉行动。这就必须坚持党的群众路线，深入了解人民群众的利益、愿望、要求，并以此为出发点，使中国梦真正同每个人的理想和工作生活紧密结合起来，让全体人民进一步焕发劳动热情、释放创造潜能，通过劳动创造更加美好的生活，最终实现中华民族的伟大复兴。

按照党的十九大提出的要求，我们将在 2020 年全面建成小康社会，坚持党的群众路线有其特殊作用。全面建成小康社会已经进入决胜时期。习近平总书记明确表示，到 2020 年我国现行标准下农村贫困人口实现脱贫，是我们的庄严承诺。党的十九大报告强调“使全面建成小康社会得到人民认可、经得起历史检验”。这是对全面建成小康社会的明确要求。只有坚持党的群众路线，才能最大限度地凝聚“中国力量”“民族精神”“人民智慧”，实现高质量的、人民满意的、能够在中国历史上写下可歌可泣一页的第一个百年目标。

乘势而上开启全面建设社会主义现代化国家新征程更需要发挥全体人民的智慧和力量，这同样离不开群众路线。从党的十九大到二十大，是“两个一百年”奋斗目标的历史交汇期。必须成功实现这个历史交替，才能乘势开启建设社会主义现代化强国的新征程。壮美蓝图已经绘就，关键在于实施，在于实实在在的行动，正如习近平总书记所说的，需要“坚忍不拔、锲而不舍”的努力。只有坚持党的群众路线，才能不断激发广大人民群众的主人翁精神，将更多的聪明和智慧投入到全面建设社会主义现代化强国的新征程中去。

实现中华民族伟大复兴，必须深入推进党的建设新的伟大工程，不断增强党的政治领导力、思想引领力、群众组织力、社会号召力。只有更坚定地坚持党的群众路线，才能为全面从严治党集聚必要的社会力量。历史已经并将继续证明，中国共产党的领导是实现民族复兴的根本保障。我们不但要使全党乃至全国人民明白“党是领导一切的”，而且要自觉地不断改善和优化党的领导，提高党的长期执政能力，特别要更加自觉地坚定党性原则，勇于直面问题，敢于刮骨疗毒，消除一切损害党的先进性和纯洁性的因素，清除一切侵蚀党的健康肌体的病毒，成为当之无愧的时代先锋、民族脊梁，永葆旺盛的生命力和强大的战斗力、凝聚力。坚持党的群众路线，就是要发动人民群众来监督党，来为党的建设出谋献策，纠正党内的不正之风和腐败现象；同时，也能增进人民群众对党的了解、理解，从而更关心党、热爱党，自觉地维护党的领导和党中央的权威。

## 三、增强新时代群众工作本领

践行党的群众路线，积极开展富有针对性的群众工作，这是党的优势，也是每一个党员干部的基本功。在新时代，党员干部应加强这种基本功的训练，不断提高践行群众路线、做好群众工作的实际本领。

第一，要认真学习马克思主义世界观和方法论，确立人民群众创造历史的观点，正确把握认识运动的总规律，不断提高践行党的群众路线的自觉性。党的群众路线的主要理论根据，一是马克思主义关于“人民群众是历史创造者”这一基本观点。刘少奇同志说过：“一切为了人民群众的观点，一切向人民群众负责的观点，相信群众自己解放自己的观点，向人民群众学习的观点，这一切，就是我们的群众观点。”[①] 党的群众路线是对群众观点的进一步具体化，是党的根本工作路线。二是马克思主义关于认识运动总规律的观点。党的群众路线体现着马克思主义的群众观点与认识论的有机统一。毛泽东同志在《实践论》中深刻指出：“实践、认识、再实践、再认识，这种形式，循环往复以至无穷，而实践和认识之每一循环的内容，都比较地进到了高一级的程度。”[②] 这就是认识运动的总规律。从实践到认识，即从群众的实践出发，总结群众的实践经验，将之升华为党员领导干部的理性认识，并形成相应的决策；再从认识到实践，即把党员领导干部的决策回到群众中去宣传、武装和贯彻，转化为群众的自觉行动，并通过实践实现预期的目的。这就是党的群众路线与马克思主义认识论的一致性。

第二，要深入基层开展调查研究，和群众交往交心，了解群众的困难或疾苦，以及他们的所思所需所望，当好人民的“知心人”和“自己人”。注重调查研究，这是习近平总书记积极倡导并身体力行的思想方法和工作方法。在宁德任职期间，他提出领导干部“信访接待下基层、现场办公下基层、调查研究下基层、宣传党的方针政策下基层”的要求，反对“高高在上”的“做官当老爷”的官僚主义作风。党员干部应该认真学习习近平总书记这种“坚持眼睛向下，脚步向下，尊重基层群众实践，解决群众生产生活中面临的突出问题”[③]作风和精神，沉到人民群众中开展

---

① 《刘少奇选集》上卷，人民出版社 1981 年版，第 354 页。

② 《毛泽东选集》第 1 卷，人民出版社 1991 年版，第 296—297 页。

③ 《习近平主持召开中央全面深化改革领导小组第七次会议强调，鼓励基层群众解放思想积极探索，推动改革顶层设计和基层探索互动》，《人民日报》2014 年 12 月 3 日。

调查研究，当好人民的“知心人”和“自己人”，到群众最需要的地方去解决问题，到发展最困难的地方去打开局面。

第三，要深怀爱民之心，恪守为民之责，在任何时候都不做并阻止他人做伤害群众的事，真正成为人民利益的坚强守护者。维护和发展好最广大人民的根本利益，是坚持党的群众路线的客观要求。践行党的群众路线不是一句空泛的口号，而是一种很具体、很暖心的实际行动。党员干部要面对面、心贴心、实打实做好群众工作，把人民群众安危冷暖放在心上，雪中送炭，纾难解困，扎扎实实解决好群众最关心最直接最现实的利益问题、最困难最忧虑最急迫的实际问题，坚决纠正各种扰民和损害群众利益的行为。

第四，要坚持以人民为中心的发展理念，发挥人民主体作用，依靠群众智慧和力量，让群众更多共享发展成果。党和国家的事业，说到底是人民的事业，要依靠人民来完成。要依据人民拥护不拥护、赞成不赞成、满意不满意来制定各项方针政策，要依靠人民的智慧，不断实现实践和理论创新，战胜发展道路上可能遇到的各种各样的困难和险阻；要坚持共享发展的观点，让发展的成果更多地惠及全体人民群众，不断提高他们的实际获得感。

值得特别指出的是，要善于针对现实形势发展的特点和需要开展群众工作，既解决实际问题又解决思想问题，更好强信心、聚民心、暖人心、筑同心。做好群众工作是党的群众路线的必然要求，是党的政治优势，必须继续发扬光大。中国特色社会主义进入新时代，党的群众工作必须根据形势发展的新情况、新问题、新特点而不断创新。网络时代，人民在网络活跃，民意在网络聚集，我们的群众路线也要扩展到网络空间。要把网上工作作为联系群众、服务群众的重要平台，增强党的意志在网络空间的传播力、引导力、影响力。总之，党员干部应多从自身找原因，积极探索和总结新的、管用的、自己能运用自如的方式方法，把人民放在心中的最高位置、把话说到人民的心坎上、把事做在人民最急需之处。

## 时刻牢记“自己也是百姓”

2013 年 11 月 26 日，中共中央总书记、国家主席、中央军委主席习近平在山东菏泽召开座谈会时，给市、县委书记们念了一副河南内乡县衙楹联：“得一官不荣，失一官不辱，勿道一官无用，地方全靠一官；穿百姓之衣，吃百姓之饭，莫以百姓可欺，自己也是百姓。”他说，对联以浅显的语言揭示了官民关系，封建时代官吏尚且有这样的认识，今天我们共产党人应该比这个境界高得多。①

这副对联，悬挂在河南内乡县衙三省堂前，为清康熙十九年（1680 年）内乡知县高以永所撰。据《内乡县志》记载，高以永，字子修，浙江嘉兴人。他在康熙十八年调任内乡知县时，正值战乱之后，内乡百姓纷纷背井离乡，土地荒芜，经济萧条。高

① 人民日报评论部:《习近平讲故事》，人民出版社 2017 年版，第 68 页。

以永忧心忡忡，自感责任重大，夜不能寐，秉烛研墨，写下了这副楹联。高以永秉性宽仁，时刻不忘“自己也是百姓”，他离任内乡时百姓夹道挽留，甚至有不少人追送数百里。清同治《内乡通考》评论说，“高以永，广开垦，除匪盗，其有造于内乡者甚大”。习近平总书记借用这副古联，意在告诫广大党员干部特别是党的各级领导干部，要时刻牢记党的宗旨，时刻牢记“自己也是百姓”，真正从感情上贴近群众、作风上深入群众、工作上依靠群众，始终与人民群众心连心、同呼吸、共命运，做人民群众信赖和尊敬的贴心人。

然而，在现实生活中，确有个别党员干部早就忘了“自己也是百姓”，不是视百姓为亲人，而是凌驾于百姓之上，颐指气使，唯我独尊，嘴里喊的是执政为民，心里想的是职级、待遇，行动上更是与党全心全意为人民服务的根本宗旨背道而驰。

时刻牢记“自己也是百姓”，就是要增强宗旨意识，始终把人民放在心中最高位置；就是要尊重人民群众的主体地位，摆正同人民群众的关系，始终把“一切为了群众，一切依靠群众，从群众中来，到群众中去”作为根本工作方法和领导方法；就是要像焦裕禄同志那样，恪守“心中装着全体人民、唯独没有他自己”的公仆情怀，始终把群众当家人、当亲人，设身处地为群众着想，尽心竭力为群众解难。

时刻牢记“自己也是百姓”，是要求，更是党员干部应有的觉悟和境界。毛泽东同志早就说过：“我们一切工作干部，不论职位高低，都是人民的勤务员，我们所做的一切，都是为人民服务。”①

---

① 《毛泽东文集》第 3 卷，人民出版社 1996 年版，第 243 页。

作为党的领导干部，一定要时刻牢记党的宗旨，始终把群众放在心上，把群众当作亲人，真心实意为群众办实事、办好事，让群众受益、让群众满意。只有这样，人民才会安居乐业，社会才能和谐稳定，全面深化改革的宏伟蓝图才能变为现实，“自己也是百姓”的公仆情怀才能得到最好诠释。

## 增强狠抓落实本领

党的十九大报告，“领导十三亿多人的社会主义大国，我们党既要政治过硬，也要本领高强”，必须“增强狠抓落实本领，坚持说实话、谋实事、出实招、求实效，把雷厉风行和久久为功有机结合起来，勇于攻坚克难，以钉钉子精神做实做细做好各项工作”①。落实是领导科学研究的一个传统课题，也是各级领导干部必须天天面对的一个重大现实问题。一个领导干部职务有高低、职责有大小、分工有不同，但从根本上说，都有一个共同的任务，这就是抓落实；而且“上面千条线，下面一根针”，越是基层的干部，抓落实的任务越重。抓落实，就是把中央和上级的决策部署、目标任务、措施要求落到实处，是一个把决策变为行动、把目标变为结果、把蓝图变为实景的过程，是一个由认

① 习近平：《决胜全面建成小康社会　夺取新时代中国特色社会主义伟大胜利——在中国共产党第十九次全国代表大会上的报告》，《人民日报》2017年10月28日。

识世界到改造世界的过程。用心作决策、用力抓落实是对领导干部的基本要求。这本领那本领，落实才是真本领；这能力那能力，不落实就是没能力。考察、评价一个领导干部，不仅要看他说了些什么，更要看他做了些什么；不仅要看他的决策水平，更要看他抓落实的本领。抓落实的工作实践，体现着“三严三实”的内涵、本质和要求，承载着共产党人的使命、责任和担当，检验着领导干部的素质、作风和能力。当前，认真学习贯彻党的十九大精神，在全面建成小康社会的基础上，分两步走在本世纪中叶把我国建成富强民主文明和谐美丽的社会主义现代化强国，是需要全党来共同落实的首要政治任务。在这种新形势下，增强狠抓落实本领，尤其具有重大而紧迫的现实意义。

## 一、狠抓落实，是领导工作的内在要求

毛泽东同志在中国共产党第六届中央委员会扩大的第六次全体会议上指出：“领导者的责任，归结起来，主要的是出主意、用干部两件事。一切计划、决议、命令、指示等等，都属于‘出主意’一类。使这一切主意见之实行，必须团结干部，推动他们去做，属于‘用干部’一类。”[①]1977 年 9 月，邓小平同志在同教育部主要负责同志谈话时也说过：“我的抓法就是抓头头，抓方针。”[②] 这里说的很明白，“抓方针”与“出主意”是一个意思，就是作决策；“抓头头”与“用干部”也是一个意思，就是抓落实。

① 《毛泽东选集》第 2 卷，人民出版社 1991 年版，第 527 页。

② 《邓小平文选》第 2 卷，人民出版社 1994 年版，第 70 页。

事实上，早在战国时期，墨家学派创始人墨子就说过："王者淳泽，不出宫中，则不能流国矣。"(《墨子·亲士》) 这是狠抓落实思想的最早体现;《韩非子·孤愤》中"智者决策于愚人，贤士程行于不肖，则贤智之士羞而人主之论悖矣"，则是"决策"一词的最早出处。

作决策与抓落实是一个问题的两个方面。如果说决策是领导工作的起点，那么落实就是领导工作的归宿，而且落实还体现着决策的价值。落实的"实"，既是实现的"实"，也是果实的"实"。决策是"知"，落实是"行"，"知而不行，只是未知"(明·王阳明:《传习录·徐爱录》)；决策是"根"，落实是"果"，唯有落实，决策才有实际意义。因此，领导工作，说到底是一个"决策—落实"的过程；领导者的本领，概括地说，就是作决策与抓落实的本领，用公式可以表示为：领导力 = 决策力(领)+ 落实力(导)。一个领导者如果重决策、轻落实，往往就会成为决策上的巨人、落实上的矮子；这样的领导者，就不能算是一个称职的领导者，其所从事的领导工作就不可能有大的建树。

马克思主义者属于"行动派"，历来重视狠抓落实。马克思指出："空谈和实干是不可调和的对立面。"[①] "一步实际运动比一打纲领更重要。"[②] 马克思并不是说纲领、决策之类不重要，而是说要以实际行动去落实，没有行动和落实，再好的决策也只是一句空话。党的十九大要求全党增强学习本领、政治领导本领、改

---

① 《马克思恩格斯全集》第 35 卷，人民出版社 1971 年版，第 173 页。

② 《马克思恩格斯选集》第 3 卷，人民出版社 2012 年版，第 355 页。

革创新本领、科学发展本领、依法执政本领、群众工作本领、狠抓落实本领和驾驭风险本领。这八种本领，是基于一个“变”(我国社会主要矛盾已经转化为人民日益增长的美好生活需要和不平衡不充分的发展之间的矛盾，需要保持战略定力)，两个“没有变”(我国仍处于并将长期处于社会主义初级阶段的基本国情没有变，我国是世界最大发展中国家的国际地位没有变，需要保持历史耐心)、“三大历史任务”(推进现代化建设、完成祖国统一、维护世界和平与促进共同发展)、“四大考验”(执政考验、改革开放考验、市场经济考验、外部环境考验)，具有很强的现实针对性。这八种本领之间不是并列式、平行式的，而是包含式、融合式的。其中，增强学习本领是前提，增强政治领导本领是核心，增强狠抓落实本领是保证；没有狠抓落实本领，学习本领、政治领导本领、改革创新本领、科学发展本领、依法执政本领、群众工作本领都无从谈起。正如习近平总书记所说，“承诺一千，不如落实一件”①，“我们的所有成就，都是干出来的。这里的关键，就是始终注重抓落实。如果落实工作抓得不好，再好的方针、政策、措施也会落空，再伟大的目标任务也实现不了”②。

需要说明的是，在领导学研究和领导工作实践中，常常有人把“落实”与“执行”等同起来，这是不妥的。严格地说，“落实”与“执行”是有区别的。“落实”是从领导学角度考察贯彻决策意图的能力，“执行”则是从管理学角度考察执行决策的能力；“落实”与“执行”是两个不同范畴的概念。“落实”是能动

---

① 习近平:《构建创新、活力、联动、包容的世界经济——在二十国集团领导人杭州峰会上的开幕辞》,《人民日报》2016 年 9 月 5 日。

② 习近平:《关键在于落实》,《求是》2011 年第 6 期。

的，强调创造性，越有创造性越有落实力；“执行”则是被动的，带有强制性，强制性越高，执行力越强。“落实”侧重“我要干”“想着干”；“执行”侧重“要我干”“照着干”。“执行”是把事情做对，执行的结果只有一种，即 1+1=2；“落实”是把事情做好，且可以创造出多种模式，即 1+1 ≥ 2。

习近平总书记在长期的领导工作实践中，十分重视“狠抓落实”。早年在担任河北正定县委书记时他就说过：“有了规划，要一步一步抓落实。”①在他主政浙江时，特别强调“决策部署作出以后，对广大干部特别是基层干部来说，最重要的莫过于求真务实、狠抓落实”②“无论是贯彻上级的决策，还是抓好本级的部署，都要做到既抓部署、又抓落实，在部署中出实招，在落实中见成效。”③“任何一项工作都是抓好落实的结果，抓而不紧，等于不抓，落实就是发展，落实就是创造”④。2011 年 3 月 1 日，他在中央党校春季学期开学典礼上，以《关键在于落实》为题，系统论述了狠抓落实问题，强调“抓落实是领导工作中一个极为重要的环节，是党的思想路线和群众路线的根本要求，也是衡量党员领导干部世界观正确与否和党性强不强的一个重要标志”⑤。2013 年 11 月 24 日至 28 日，习近平总书记在山东考察工作时强调：“一分部署，九分落实。改革蓝图有了，现在的关键是把蓝图一

---

① 习近平：《知之深，爱之切》，河北人民出版社 2015 年版，第 146 页。
② 习近平：《之江新语》，浙江人民出版社 2007 年版，第 241 页。
③ 习近平：《之江新语》，浙江人民出版社 2007 年版，第 88 页。
④ 习近平：《贵在落实》，《今日浙江》2007 年第 1 期。
⑤ 习近平：《关键在于落实》，《求是》2011 年第 6 期。

步步变为现实。”[①]2014年2月17日，习近平总书记在省部级主要领导干部学习贯彻十八届三中全会精神全面深化改革专题研讨班开班式上强调：“制定出一个好文件，只是万里长征走完了第一步，关键还在于落实文件。”[②]2014年10月10日至11日，全国党委秘书长会议在京召开，习近平总书记在会前作出重要批示：“崇尚实干、狠抓落实是我反复强调的。如果不沉下心来抓落实，再好的目标，再好的蓝图，也只是镜中花、水中月。”[③]针对抓落实不讲实效的问题，他批评一些地方“不下功夫解决存在的矛盾和问题，难以给领导留下印象的事不做，形不成多大影响的事不做，工作汇报或年终总结看上去不漂亮的事不做，仪式一场接着一场，总结一份接着一份，评奖一个接着一个，最后都是‘客里空’”[④]。

## 二、狠抓落实本领，体现的是一种良好的精气神

毛泽东同志早就说过：“人是要有一点精神的。”[⑤]习近平总书记也多次强调：“抓好落实，具有良好的精神状态和优良的作风很重要。”[⑥]精神体现状态，状态决定成败。对领导干部来说，良

---

① 新华社：《认真贯彻党的十八届三中全会精神，汇聚起全面深化改革的强大正能量》，《人民日报》2013年11月29日。

② 《完善和发展中国特色社会主义制度，推进国家治理体系和治理能力现代化》，《人民日报》2014年2月18日。

③ 《习近平对全国党委秘书长会议作出重要批示》，《秘书工作》2014年第11期。

④ 中共中央文献研究室：《习近平总书记重要讲话文章选编》，中央文献出版社、党建读物出版社2016年版，第44页。

⑤ 《毛泽东文集》第7卷，人民出版社1999年版，第162页。

⑥ 习近平：《关键在于落实》，《求是》2011年第6期。

好的精气神是一种舍我其谁、勇往直前的使命担当，一种踏石留印、抓铁有痕的工作劲头，一种滴水穿石、铁杵成针的责任坚守。良好的精气神是一心一意想把事情做好的强烈愿望，有了这种强烈的愿望，就可以为抓好工作落实提供源源不断的内在动力；是一种“功成不必在我”的崇高境界，有了这种境界，就能自觉防止和纠正各种急功近利的行为，不贪一时之功、不图一时之名，多干打基础、利长远的事；是一种不达目的不罢休的执着追求，有了这种追求，就会在其位、谋其政，时时把工作放在心上、把落实抓在手上，即使在能力和水平上稍有欠缺，同样也能把事情做好。相反，一个领导干部如果没有良好的精神状态，没有强烈的责任意识，不能时时刻刻想着工作，不能时时刻刻去抓落实，那么，在工作中，就会忽视落实，就会只唱高调、不管实效；就会见到风险躲着走，见到矛盾绕着走，见到困难往回走；就会喊得凶、抓得松。落实，自然也就成了泡影。

## 三、狠抓落实本领，体现的是一种切实的行动力

打仗，兵贵神速；落实，重在行动。习近平总书记指出，“事要去做才能成就事业，路要去走才能开辟通途”[①]，“我是崇尚行动的。实践高于认识的地方正在于它是行动”[②]。狠抓落实本领，说到底是一种行动力、执行力。战略可以复制，差别在于执行。狠抓落实，不仅需要过硬的素质和能力，需要过人的智慧和勇气，

---

① 习近平：《携手建设更加美好的世界——在中国共产党与世界政党高层对话会上的主旨讲话》，《人民日报》2017 年 12 月 2 日。

② 习近平：《摆脱贫困》，福建人民出版社 1992 年版，第 216 页。

还需要知难而进、锲而不舍的行动力和一往无前的奋斗精神。

清朝官员、文学家彭端淑在《为学》中记载着这样一个故事：四川边境有两个和尚，一个贫穷、一个富裕。穷和尚对富和尚说："我想要到南海去，你看怎么样？"富和尚说："您凭借着什么去呢？"穷和尚说："我只需要一个盛水的水瓶一个盛饭的饭碗就足够了。"富和尚说："我几年来想要雇船沿着长江下游而去，尚且没有成功。你凭借着什么去！"到了第二年，穷和尚从南海回来了，把到过南海这件事告诉了富和尚。富和尚的脸上露出了惭愧的神情。

"有志始知蓬莱近，无为总觉咫尺远。"这里，问题的关键不在于能不能去，而在于是否真正行动。所以，古人云，"道虽迩，不行不至；事虽小，不为不成"；"日日行，不怕千万里；常常做，不怕千万事"。

"上士闻道，勤而行之。"从毛泽东同志"实事求是，力戒空谈"①的谆谆教诲，到邓小平同志"世界上的事情都是干出来的，不干，半点马克思主义都没有"②的著名论断，再到习近平总书记"与其坐而论道，不如起而行之"③的行动派作风，都蕴含着一个朴素的道理：喊破嗓子，不如甩开膀子；没有行动，一切都等于零！

1. 要有狠抓落实的思想自觉。狠抓落实的"狠"字，体现的

① 中共中央文献研究室：《毛泽东著作专题摘编》（下），中央文献出版社 2003 年版，第 249 页。

② 《胡锦涛文选》第 2 卷，人民出版社 2016 年版，第 152 页。

③ 习近平：《创新增长路径　共享发展成果——在二十国集团领导人第十次峰会第一阶段会议上关于世界经济形势的发言》，《人民日报》2015 年 11 月 16 日。

是“抓”的工作力度和思想自觉。狠抓，就是按照“三严三实”的要求，认真抓、使劲抓、用心抓。狠抓落实，必须牢固树立以人民为中心的从政观、政绩观。中国共产党是为中国人民谋幸福、为中华民族谋复兴、为人类谋和平与发展的党[①]，我们所做的一切，都是为了国家富强、民族振兴、人民幸福。作为党的领导干部，必须把个人的一切与党和人民的事业紧密联系起来，不折不扣地落实好中央和上级的决策部署，着力解决好“表态多调门高、行动少落实差等突出问题”[②]。狠抓落实，必须要有“踏石留印、抓铁有痕”的顽强作风，往远处想，往大处谋，往实处干，脚踏实地、扎扎实实做好眼前工作，在新时代的长征路上留下自己的“印”和“痕”。

2. 要有敢抓落实的使命担当。在工作落实的过程中总是会遇到这样那样的矛盾和问题，还会受到人情世故、个人利益、小团体利益的纠缠。如果回避矛盾，畏惧不前，甚至敷衍了事，抓落实必然会落空。因此，抓好工作落实必须“敢”字当头，以“苟利国家生死以，岂因祸福避趋之”的胆识、勇气和担当，敢于在是非面前发声、在挑战面前出手、在强敌面前“亮剑”，责任面前不推诿，矛盾面前不躲闪，困难面前不退缩，在关键时刻和危急关头豁得出来、冲得上去。对工作落实中的问题、短板和梗阻环节，要敢于正视和面对，集中力量进行攻克、突破。

3. 要有常抓落实的意志品质。古人云：“志不强者智不达。”

---

① 习近平：《携手建设更加美好的世界——在中国共产党与世界政党高层对话会上的主旨讲话》，《人民日报》2017 年 12 月 2 日。

② 《习近平近日作出重要指示强调，纠正“四风”不能止步，作风建设永远在路上》，《人民日报》2017 年 12 月 12 日。

（《墨子·修身》）落实是一个过程，不可能一蹴而就；落实需要意志，贵在坚持。正如习近平总书记所说，“抓落实，贵在持之以恒，也难在持之以恒”①，“要有钉钉子的精神，钉钉子往往不是一锤子能钉好的，而是要一锤一锤接着敲，直到把钉子钉实钉牢，钉牢一颗再钉下一颗，不断钉下去，必然大有成效”②。政贵有恒。抓落实必须要有蚂蚁啃骨的韧劲和恒心。只要目标确定了，任务明确了，就要咬定青山不放松，不达目的不罢休，确保决策定一条是一条，条条算数；工作干一件成一件，件件落实。

## 四、狠抓落实本领，体现的是一种科学的方法论

狠抓落实，贵在用好真抓的实劲、敢抓的狠劲、善抓的巧劲、常抓的韧劲；“真抓”体现态度，“狠抓”体现担当，“常抓”体现作风，“巧抓”体现方法。拿破仑说过：“任何出色的战争都是讲求方法的战争。”③实践一再证明，狠抓落实，方法至关重要；方法对了，则事半功倍。

1. 重点带动。“万山磅礴必有主峰，龙衮九章但挈一领。”（曾国藩：《复陈右铭太守书》）马克思主义辩证法认为，事物由多种矛盾所组成，矛盾又有主要和次要之分，其中主要矛盾处于支配地位，对事物的发展产生主导作用，并规定和影响着其他矛盾的转化。一旦主要矛盾得以解决，次要矛盾便可“迎刃而解”。因

---

① 习近平：《贵在落实》，《今日浙江》2007年第1期。

② 《习近平谈治国理政》，外文出版社2014年版，第400页。

③ 夏征难：《任何出色的战争都讲求方法》，《学习时报》2006年3月6日。

此，抓落实必须坚持“两点论”和“重点论”的统一，善于厘清主要矛盾和次要矛盾、矛盾的主要方面和次要方面；抓住了主要矛盾和矛盾的主要方面，也就找到了“狠”的着力点和“抓”的主动权，从而以重点突破带动整体推进，在整体推进中实现重点突破，收到“举网以纲，千目皆张；振裘持领，万毛自整”（桓谭：《新论·离事》）的效果。这既是唯物辩证法的要求，也是我们党在革命建设改革各个阶段一贯倡导和坚持的方法论。

2. 责任驱动。习近平总书记指出，抓落实“要防止徒陈公文、等待观望、急功近利，必须有时不我待的紧迫意识和夙夜在公的责任意识”[①]，必须“完善抓落实的工作机制和办法，把责任压实、要求提实、考核抓实”[②]。责任是对使命的忠诚和坚守；责任胜于能力的地方，就在于责任能点燃激情，充分释放人的潜能。狠抓落实，必须明确责任主体，严格实行责任制，把目标任务分解到部门、具体到项目、落实到岗位、量化到个人，以责任制促落实、以责任制保成效，形成一级抓一级、层层抓落实的工作局面，也就是要做到目标、任务、责任具体化。周恩来同志曾经说过：“要实现原则，就要使它具体化。”[③] 邓小平同志也说过：“抓，要有具体政策、具体措施，解决具体的思想问题和实际问题。”[④]“三个和尚没水喝”的悲哀，就在于责任不明确、不具体。具体化，是一种工作要求，也是一种思想方法和工作方法，是马

① 《习近平谈治国理政》，外文出版社 2014 年版，第 107 页。

② 《习近平主持召开中央全面深化改革领导小组第三十一次会议强调，投入更大精力抓好改革落实，压实责任提实要求抓实考核》，《人民日报》2016 年 12 月 31 日。

③ 《周恩来选集》上卷，人民出版社 1980 年版，第 335 页。

④ 《邓小平文选》第 2 卷，人民出版社 1994 年版，第 68 页。

克思主义方法论的一个基本命题，列宁称其为“马克思主义的活的灵魂”[①]。实践证明，一具体就深入，越深入越具体，越具体越好落实。

3. 督查推动。为政之要，贵在落实；落实之法，重在督查。我国古代思想家墨子说过：“令必行，令出辄人随，省其可行、不行。”（《墨子·号令》）意思是有令必行，号令一经发出，就要立即派人跟踪督查，看号令是否得到有效执行。这是关于督查工作的最早论述。通过督查推动工作落实，是一个重要的领导环节，也是一种重要的领导方法。对此，习近平总书记多次强调：“督查工作很重要，它是全局工作中不可缺少的一个重要环节”，“没有督查就没有落实，没有督查就没有深化”[②]。搞好督促检查，必须坚持原则、严格标准，不仅要敢于碰硬、敢于较真、敢于担责，而且要突出重点、讲究策略、注意方法，重点事项重点督查，紧急事项跟踪督查，急事要件专项督查，一般事项定期督查，确保件件有着落、事事有回音，确保每项工作都部署、有检查、有结果、见成效。古人云：“君子生非异也，善假于物也。”（《荀子·劝学篇》）抓督查同样也要“善假于物”，即善于借“威”（领导之“威”）、借“力”（部门之“力”）、借“势”（舆论之“势”），努力形成以督查促落实的浓厚氛围和强大压力。

4. 典型拉动。“喊破嗓子，不如干出样子。”“样子”就是典型。毛泽东同志说过：“树典型等于插旗子，其秘诀就是把一种需

① 《列宁选集》第4卷，人民出版社1972年版，第290页。
② 习近平：《没有督查就没有落实》，《秘书工作》2015年第1期。

要加以提倡的精神，加以推崇的价值观，加以实现的原则，加以推广的经验，具体化在一个或几个看得见摸得着的具体人物或事件上，使之成为一面鲜艳的旗帜，成为指示大众前进的榜样、标兵。”[①] 习近平总书记也说过：“善于抓典型，让典型引路和发挥示范作用，历来是我们党重要的工作方法。实践证明，抓什么样的典型，就能体现什么样的导向，就会收到什么样的效果。”[②] 典型本身就是一种政治力量，具有强大示范引领和辐射带动作用。通过典型拉动，往往可以收到“点上突破、面上开花”的示范效应。同时，还要针对决策落实过程中的薄弱环节，善于抓反面典型，以起到教育和警示作用。

5. 制度保障。邓小平同志曾经说过：“没有制度工作搞不起来。”[③] 习近平总书记也指出：“健全的制度是推动工作落实的重要保障。要建立和完善抓落实的制度，使各项工作有所遵循，使责任得以明确，使抓落实成为一种工作常态，成为广大干部的自觉行动。”[④] 通过建立健全科学的制度体系来促进和保证工作落实，是一种重要的工作方法，也是领导干部善于抓落实的重要体现。俗话说：“人叫人干人不干，制度调动千千万。”实践也反复证明，抓住制度建设这个带有根本性、全局性、长期性和稳定性的问题，落实才能有保障，工作才会有突破、有起色、有成效。但在实际工作中，一些领导干部习惯于靠行政命令和喊口号、提

---

① 江苏省委党校中国特色社会主义理论体系研究中心：《周恩来“严”和“实”的时代价值》，《新华日报》2015 年 6 月 2 日。

② 习近平：《之江新语》，浙江人民出版社 2007 年版，第 212 页。

③ 《邓小平文选》第 1 卷，人民出版社 1994 年版，第 295 页。

④ 习近平：《贵在落实》，《今日浙江》2007 年第 1 期。

要求来推动工作落实，结果往往很难尽如人意甚至事与愿违。因此，狠抓落实，必须有健全的制度作保障，以科学的制度规范、制度约束、制度激励，保证工作的层层落实。必须健全责任追究制度。古人云："善人赏而暴人罚，则国必治。"(《墨子·尚同下》)事实也一再表明，动员千遍，不如问责一次。抓落实，必须盯住"不落实的事"，追究"不落实的人"，努力形成"无功便是过、落空就是错"的鲜明导向，做到"赏赐能喜，诛罚有威"。必须按照全面从严治党要求，加快构建严管和厚爱结合、激励和约束并重的制度体系。通过制度约束，激活敬畏心，强化戒惧感；通过制度激励，激发进取心，强化使命感。坚持以落实论英雄，在落实中比高下、论短长、排位次。必须健全完善容错纠错机制，旗帜鲜明为敢抓落实的实干家鼓足劲，为狠抓落实的改革家撑好腰，为善抓落实的探索者兜住底。

# 莫把丹书藏金壶

《晏子春秋·内篇杂上第五》中记载着一个“金壶丹书”的故事:“景公游于纪，得金壶，乃发视之，中有丹书，曰:‘食鱼无反，勿乘驽马。’公曰:‘善哉！知苦言，食鱼无反，则恶其鱢也；勿乘驽马，恶其取道不远也。’晏子对曰:‘不然。食鱼无反，毋尽民力乎！勿乘驽马，则无置不肖于侧乎！’公曰:‘纪有书，何以亡也？’晏子对曰:‘有以亡也。婴闻之，君子有道，悬之闾。纪有此言，注之壶，不亡何待乎！’”

意思是说，春秋时期齐国国君齐景公，有一次到纪国故地游历时，得到一只精美的金壶，打开一看，里面藏有一纸丹书，上面写着:“食鱼无反，勿乘驽马。”齐景公看完后说，这话说得好啊，吃鱼只吃一面，不翻过来吃另一面，是厌恶它的腥味；不乘劣马出行，是因为它不能走远路。晏子则不以为然地对齐景公说，吃鱼只吃一面，不翻过来吃另一面，是说不要用尽民力；不乘劣马出行，是说不要把卑劣的人留在身边。齐景公说，纪国既然有这样的治世良方，为什么还会亡国呢？晏子说，君子有治国之道，一定会“悬之闾”而公告天下。纪国有这样的治世良方却“注之壶”而不为人知，怎能会不亡国呢？

“金壶丹书”与墨子“王者淳泽，不出宫中，则不能流国矣”

（《墨子·亲士》）说的都是同样一个道理：有好的政策、主张而不去宣传、贯彻和落实，则无异于无。

现实生活中，“金壶丹书”现象并不罕见。一些地方和部门、单位对党的路线方针政策和重大决策部署不认真学习、领会，文件上怎么写自己就怎么说，囫囵吞枣，不求甚解；有的唯恐宣传不力、贯彻不快，不切实际地搞“事不过夜”，“文”来“文”往，“稿”来“稿”去，天天是削不平的“文山”、填不平的“会海”，结果表态多调门高、行动少落实差；有的热衷于出经验、出亮点、出所谓的“政绩”，绞尽脑汁“秀”花样，计划、方案应有尽有，措施、办法面面俱到，规章制度一个不少，承诺书、责任书一应俱全，却往往只是嘴上说说、墙上挂挂、档案橱里摆摆。如此等等，不一而足。“华而不实，怨之所聚也。”（《左传·文公五年》）把本该宣传贯彻到群众、付诸落实到行动的“丹书”“注之壶”中，最终只会使顽固的“四风”问题禁而不绝甚至愈演愈烈，非但于事无补，而且会严重损害党和政府的形象。

马克思说过：“如果形式不是内容的形式，那么它就没有任何价值了。”[①]“丹书”难得，“注之壶”中不落实就是空话；“金壶”很美，只用来存藏“丹书”就是摆设。当前，无论是学习贯彻党的十九大精神，还是落实具体的工作部署，都必须把“丹书”置于“金壶”之外，拿出实实在在的招数和举措，一个时间节点一个时间节点往前推进，以钉钉子精神全面抓好落实。唯有如此，党的十九大确定的宏伟蓝图和奋斗目标才能如期实现。

---

① 《马克思恩格斯全集》第1卷，人民出版社1956年版，第179页。

# 增强驾驭风险的本领

党的十九大报告指出，“领导十三亿多人的社会主义大国，我们党既要政治过硬，也要本领高强”，必须“增强驾驭风险本领，健全各方面风险防控机制，善于处理各种复杂矛盾，勇于战胜前进道路上的各种艰难险阻，牢牢把握工作主动权”①。风险通常都内含着某种负能量甚至高危性破坏力，对外则显示出不确定性和难驾驭性等突出特征。未受应有重视、未加有效抑制，风险就会自然累积升级；而这其实就是负能量和高危性破坏力的聚集、积危的过程，通常叫做养痈遗患。积累临界或过量，风险就会直接变成危险，内含负能量和高危性破坏力就会迅速放大和无控释放；而这其实是风险转化为危机、危机爆发导致严重后果的致害过程，通常叫做危机或突发事件。风险防控与治理是当今世界各国面临的一个重大现实问题。在这种背景下，增强治理者驾驭风险的本领就显得尤为重要。

---

① 习近平:《决胜全面建成小康社会　夺取新时代中国特色社会主义伟大胜利——在中国共产党第十九次全国代表大会上的报告》,《人民日报》2017年10月28日。

## 一、风险是一种客观存在

“天行有常，不为尧存，不为桀亡。”（《荀子·天论》）风险是事物发展过程中矛盾的集中呈现，是不以人们的主观愿望为转移的客观存在。习近平总书记指出：“人类也正处在一个挑战层出不穷、风险日益增多的时代。”① 不同性质、不同程度的风险在现实世界中无处不在且多种多样，稍不留意就会发生；应对不力则会酿成严重后果，甚至还会破坏事业基础、毁掉事业前景、中断事业进程。可以说，干事业就有风险，风险与事业发展总是如影随形。这种关系构成沉重的忧患，这个忧患在积危过程叫做隐患，在致害过程则叫做祸患。对我们的事业来说，隐患就是潜在威胁，祸患就是现实威胁。

当前，我们正在向“两个一百年”目标进发，正行进在强起来的征程上，正在推进实现中华民族伟大复兴的伟大事业。与此同时，国际形势在发生复杂深刻的变化，国内社会主要矛盾也已发生变化；许多老问题尚未解决，许多新问题又接踵而至，随时可能给伟大事业带来潜在或直接的威胁。这些情形中潜藏着的各种风险，可以大致概括为内部风险和外部风险。内部风险是指党和国家内部构成、建设、运转和治理中存在或发生的风险，是内生性的危险或危害。目前，内部风险是复杂多样的，会产生不同的后果和威胁。其中，腐败就是一项损害党的威信、危害党的执政地位的现实威胁。此外，因工作不严谨、不规范、不尽责造成

① 习近平：《共同构建人类命运共同体——在联合国日内瓦总部的演讲》，《人民日报》2017年1月20日。

的各种疏漏与后果，也会给事业发展造成各种意外威胁。外部风险是指我们干事创业中遇到外生性的人为风险和非人为风险。人为风险主要是那些不同于我们的信仰、价值和道路选择并抱有敌意或疑义的外部势力着意制造、布局的各种麻烦、陷阱，给我们的事业带来干扰和威胁。非人为风险是经济、政治、军事、外交、文化、社会、大自然等领域由其内在变化发展规律和某种偶然性导致的自发性风险。这两种风险常常交叉发生，也时常交织在一起，形成复杂的风险形势。此外，大规模自然灾害也会带来严重破坏与威胁。

无论哪种风险都会影响我们的事业，轻则导致高成本化、低成功率、多迂回性，抵消我们的努力，使我们的事业陡增难度和复杂度；重则带来不可承受的全局性、系统性、战略性严重后果，导致前功尽弃，深度困扰、阻碍乃至危害我们的事业。可以说，只要事业发展，就有风险存在，前进的道路就不会平坦顺利，实现中华民族伟大复兴的宏伟目标就不可能轻松实现；我们在新时代开启新征程，必须以更大的气魄、更实的举措和更高的艺术，与各种风险作斗争，特别是要防范和化解可能产生严重后果的重大风险。

当前，风险特别是重大风险，成为我们前进道路上的拦路虎，成为削弱执政成效、威胁长期执政的重大不良能量。风险能否得到有效防控与治理，深切关系到我们党能否经受住长期执政的考验、能否顺利实现中华民族伟大复兴的中国梦。要坚实推进我们的伟大事业，就一定要坚决防治正在困扰和威胁伟大事业的各种风险，特别是要坚决打赢防范化解重大风险攻坚战。

## 二、面对风险挑战，必须增强驾驭本领

风险既是挑战，也是机遇，关键看驾驭者的胆识、敏锐和本领。习近平总书记指出，应对风险挑战，“既要有防范风险的先手，也要有应对和化解风险挑战的高招；既要打好防范和抵御风险的有准备之战，也要打好化险为夷、转危为机的战略主动战”①。当前，我国经济社会发展正处在一个新的历史起点上，既面临着难得的历史机遇，也存在着多方面的风险挑战。“备豫不虞，为国常道。”（吴兢：《贞观政要卷二·直谏（附）》）面对波谲云诡的国际形势、复杂敏感的周边环境、艰巨繁重的改革发展稳定任务，必须一以贯之地增强忧患意识、防范风险挑战。

应对风险挑战，干部是关键。党员领导干部不仅是治国理政的“关键少数”，更是有效应对和化解风险的中流砥柱，在风险防范与治理上不仅要敢担当，勇于战胜前进道路上的各种艰难险阻，而且要善作为，善于驾驭和处理各种复杂矛盾，善于应对和消除威胁事业发展的各种风险。从当前若干风险事件和风险治理成效看，还存在不少突出问题和薄弱环节。一是意识淡化。风险概念疏淡、忧患意识淡薄、责任心不够强、麻痹状态凸显，极易造成风险失察和风险治理的疏漏、失误乃至失职。二是本领不强。一些领导干部在驾驭风险上不同程度地存在不适应问题，不善于驾驭风险、不太会治理风险的情况，构成了风险

---

① 《习近平在学习贯彻党的十九大精神研讨班开班式上发表重要讲话强调，以时不我待只争朝夕的精神投入工作，开创新时代中国特色社会主义事业新局面》，《人民日报》2018 年 1 月 6 日。

治理能力洼地，成为制约风险治理有效性的短板。三是内控不力。个别领导干部甚至自身成为内部风险源，比如，塌方式腐败和系统性腐败案件中，有的党员领导干部廉洁关失守，成为污染源；还有的主体责任意识不强，不能及时防止贿选扩散等。四是防范不力。对外部风险的实质、特点、规律、实情和趋势判断不准、把握不住，致使对风险排查有漏、防范不力、治理乏术甚至出现严重失误，客观上放大了风险的不确定性、危险性和危害性。

党的十九大对党的执政能力建设作出了全面部署，并且把增强驾驭风险本领作为必须全面增强的八个执政本领之一来加以强调和要求。按照党的十九大的部署，全面增强驾驭风险本领越来越成为新时代大力加强执政能力建设的重要任务和重要内容。领导干部作为风险防控与治理的责任主体，必须不断提高风险防控与治理的能力、水平和成效，真正做到“魔高一尺，道高一丈”。

## 三、增强驾驭风险本领的实现路径

“心无备虑，不可以应卒。”(《墨子·七患》) 增强驾驭风险本领，必须紧密结合当前风险治理实践，加强风险治理能力建设，全方位提高党员干部特别是领导干部驾驭风险的实战能力和有效防范、化解重大风险的水平。

1.深入开展风险警示教育，强化党员干部特别是领导干部的风险防控意识。习近平总书记在党的十九大报告中指出：“增强忧患意识，做到居安思危，是我们党治国理政的一个重大原则。”[1]思想是行动的先导。要联系风险防控与治理实践，对党员干部特别是领导干部深入开展风险警示教育，充分认识风险的现实性和严重性，切实增强忧患意识。《易经·系辞下》中说：“安而不忘危，存而不忘亡，治而不忘乱。”“安”的背后之所以隐藏着“危”，是因为许多人缺乏居安思危的忧患意识，导致最安全的状态演变为最危险的状态。而只要有了居安思危的忧患意识，时时常备不懈、主动防御，就可以化危为机、转危为安。作为领导干部，必须牢记“安则示以危”(《墨子·杂守》)的古训，以强烈的忧患意识，时时保持高度的敏锐性和警觉性，善于及早发现风险的蛛丝马迹，将风险消灭在萌芽状态；避免麻痹大意、让风险坐大而陷入被动、遭风险伏击，杜绝心中无风险而客观上养痈遗患、导致风险；确保能更加自觉抓早抓小、关口前移，在积危过程而非致害过程就积极反应、揪住关键、有效施治，为治理风险赢得先机主动，把风险的不确定性降到最低，把风险的可控性做到最大。要围绕落实总体国家安全观，有针对性地开展防风险保安全教育，使党员干部全面掌握总体安全观的内涵，深刻认识风险与安全的关系，始终坚持国家利益至上，以人民安全为宗旨，以政治安全为根本，统筹外部安全和内部安全、国土安全和国民安全、传统安全和非传统安全、自身安全和共同安全，把风险治理切实转变成保一方平安的有效行动，确保风险治理具有高度的系统性、全面性、联动性和高效性，坚决避免发生系统性风险或颠覆性风险，全面防范和化解在经济、政治、文化、社

---

① 习近平：《决胜全面建成小康社会 夺取新时代中国特色社会主义伟大胜利——在中国共产党第十九次全国代表大会上的报告》，《人民日报》2017年10月28日。

会等领域和自然界出现的重大风险，推动实现全面安全、深度安全。

2. 坚持底线思维，超前防范和化解风险。“凡事预则立，不预则废。”只有凡事从最坏处准备，努力争取最好的结果，才能有备无患、遇事不慌，牢牢把握主动权。毛泽东同志早就说过：“许多事情是意料不到的，但是一定要想到，尤其是我们的高级负责干部要有这种精神准备，准备对付非常的困难，对付非常的不利情况。”[①]他始终主张“要放在最坏的基础上来设想”[②],“在最坏的可能性上建立我们的政策”[③]。邓小平同志也说过：“我们要把工作的基点放在出现较大的风险上，准备好对策。这样，即使出现了大的风险，天也不会塌下来。”[④]党的十八大以来，习近平总书记以战略家的远见卓识和对国际国内形势的清醒判断，反复告诫全党，当前和今后一个时期，我们在国际和国内面临的矛盾和风险都不少，决不能掉以轻心，“各种风险我们都要防控，但重点要防控那些可能迟滞或中断中华民族伟大复兴的全局性风险，这是我一直强调底线思维的根本含义”[⑤]。作为领导干部，必须提高底线思维能力，“越是取得成绩的时候，越是要有如履薄

---

① 《毛泽东文集》第3卷，人民出版社1996年版，第392页。

② 陈晋：《从毛泽东的几件往事解读几种领导方法》,《理论视野》2010年第5期。

③ 中共中央文献研究室：《建党以来重要文献选编》第22册，中央文献出版社2011年版，第500页。

④ 《邓小平文选》第3卷，人民出版社1993年版，第267页。

⑤ 中共中央宣传部：《习近平新时代中国特色社会主义思想三十讲》，学习出版社2018年版，第334页。

冰的谨慎，越是要有居安思危的忧患”[①]，宁可把形势想得更复杂一点，把挑战看得更严峻一些，做好应付最坏局面的思想准备。要结合党的政治建设，全面加强和优化内部治理，使广大党员在严肃的党内政治生活中经受洗礼、锤炼，从而提升政治素质；确保党员干部特别是领导干部自觉坚持党性原则，勇于直面问题，敢于刮骨疗毒，保持党同人民群众的血肉联系，切实防止脱离群众的危险、作风不正的危险、纪律涣散的危险、特别是消极腐败的危险，坚决抵制一切损害党的先进性和纯洁性的影响因素，深入推进反腐败斗争，推动实现党和国家长治久安。

3. 加强专业能力建设，有效治理和应对风险。风险防控与治理具有很强的专业性，必须围绕打好防范化解重大风险攻坚战，加强专业技能培训和专业能力建设，全面增强有效防范、管理、处理国家安全风险，有效应对、处置、化解社会安定挑战的本领。一是正确研判。“聪者听于无声，明者见于无形。”(东汉·班固:《汉书·蒯伍江息夫传第十五》) 斯大林说过:“领导就应当有预见。”[②] 毛泽东同志进一步强调:“预见就是预先看到前途趋向。如果没有预见……不叫领导。”[③]预判风险所在是防范风险的前提，把握风险走向是谋求战略主动的关键。面对复杂风险，必须先做情形梳理，科学分析特点和规律，正确区分敌我与是非，准确判

---

① 《习近平在学习贯彻党的十九大精神研讨班开班式上发表重要讲话强调，以时不我待只争朝夕的精神投入工作，开创新时代中国特色社会主义事业新局面》,《人民日报》2018 年 1 月 6 日。

② 《斯大林选集》下卷，人民出版社 1979 年版，第 12 页。

③ 《毛泽东文集》第 3 卷，人民出版社 1996 年版，第 394 页。

断性质与趋势，摸准症结关键，分清轻重缓急，确保立场正确、反应妥当、应对恰切，避免发生大的错误。二是完善机制。可以借鉴广东省突发事件试行现场指挥官制度的做法，由现场指挥官在突发事件现场负责统一组织、指挥应急处置工作[①]，尽量避免出现行政级别高位推进的现象，确保现场指挥统一、有序、高效，提高突发事件现场应急处置水平。三是聚焦施治。以比较法、排除法迅速甄别、剔除那些影响抉择的干扰项，聚焦到更紧急重大的风险种类和部位，确定施治的顺序和主攻方向，有所为有所不为，确保临危不乱，忙而有序。四是果断行动。正确选用有效的预案和针对性强的方法，对准风险的要害，审时度势，采取措施，迅速行动，强力施治，挖除祸源，解除祸患；确保出手即得、一招制胜、快而无失。五是熟悉并善于运用风险管理的法律法规和科学知识，把防范化解风险建立在依法依规和依靠科学的轨道上，防止在风险防控过程中出现次生风险。六是沉着应对。面对风险，要始终理智理性，沉着冷静，既不能惊慌失措，更不能躲避退让。

---

① 东莞市人民政府办公室:《关于转发〈广东省人民政府办公厅关于印发《广东省突发事件现场指挥官制度实施办法（试行）》的通知〉的通知》,《东莞市人民政府公报》2014 年第 1 期。

# 决策陷阱及其规避对策

决策，就是决定策略或办法，在整个领导活动中处于核心地位，起着关键作用。领导干部位高权重，掌握着决策资源和决策主动权，决策一旦失误，整个领导工作就意味着将以失败告终。因此，决策职能是领导工作的第一职能，决策科学是领导工作的第一追求，决策能力是领导能力的第一要素；决策能力高的一个标志，就是决策科学、符合实际。对此，战国时期的思想家墨子曾有过精辟论述："断指以存腕，利之中取大，害之中取小也。"（《墨子·大取》）而要达到这一目的，就必须极力避开以下五大陷阱：

陷阱一："射箭"陷阱。射箭一定要找准靶心，有的放矢，这是常识。但在实际工作和现实生活中，一些人往往没有目标乱射箭，从而跌入"射箭陷阱"。科学决策，"目标"和"目的"至关重要。目标就是预期中的结果和目的，决定着解决问题的路径和方向，关系着领导工作的成败。德国著名军事理论家和军事历史学家、近代军事战略学的奠基人、享有"西方兵圣"之誉的克劳塞维茨曾经说过："如果没有想清楚要以战争达成什么，以及准备如何完成，没有人可以轻易发动战争，最好连想也别想。"战争是这样，领导工作也是这样。一个领导干部如果没有把决策目标搞清楚，就不可能作出科学、正确的决策，更谈不上决策能力。有这样一个故事：在一个建筑工地上，三个建筑工人回答同一个问题——“你在干什么”，一人说“垒墙”，一人说“建楼”，第三个人则说“建设一座城市”。若干年后，“垒墙”的还在“垒墙”，“建楼”的成了工地管理者，“建设一座城市”的则成了这个城市的管理者。小故事蕴含着大道理：心中目标不一样，即使干同样的活，结果也会不一样。在决策目标清晰、明确的前提下，还要坚持“超越目标，目的优先”的原则。《中共中央关于制定国民经济和社会发展第十三个五年规划的建议》确定的“实施脱贫攻坚工程”是一个战略目标，目的是让“农村贫困人口脱贫”。明确了这个目的之后，地方政府就可以因人因地施策：能就地脱贫的就通过支持发展特色产业和转移就业实现就地脱贫，不能实现就地脱贫的就实施扶贫搬迁，找一个“一方水土能养一方人”的地方实现易地脱贫；而且，实施易地脱贫较之就地脱贫的决策思路更开阔，更富有远见和创造性。

陷阱二：“布里丹选择”陷阱。法国哲学家布里丹养了一头毛驴，每天向附近的农民买一堆草料来喂。这天，送草的农民出于对哲学家的敬仰，额外多送了一堆草料，放在旁边。这样一来，毛驴站在两堆草料之间犹豫了，左瞅瞅，右看看，不知道选择哪一堆好，最后活活地饿死了。有人把决策过程中这种犹豫不定、迟疑不决的现象称之为“布里丹选择”陷阱。“布里丹选择”陷阱的本质，是“面对多种选择，我们无从选择”。决策就是责任，失误就要担责；不愿担责，不敢担当，就不配当领导、作决策。“谋之于众，断之在独。”（明·张居正：《陈六事疏》）作为领导者，必须要有当断则断的勇气担当。担当源于对责任和使命的坚守，担当精神决定着成就空间，有多大的担当才能干多大的事业；真正的领导者，就是责任与使命、困难与风险的担当者，是大智与大勇、见识与胆识、魅力与魄力的集大成者。敢于担当，敢于直面矛盾和问题，是决策的第一步。决策本身就意味着变革现状、调整格局，意味着利益和权力的重新分配。决策和决策实施过程中，不可避免地要触及各种矛盾，甚至会得罪一些人，受到阻挠和责难。特别是一些久拖不决、积重难返的问题，决策起来往往难度很大。这就要求领导班子、领导干部必须要有担当的勇气，有迅速做出选择、下定决心、形成方案的决断力。在现实生活中，一些地方出现矛盾和问题后，由于当地领导议而不决，没有及时采取应对措施，结果“小事拖大，大事拖炸”，最后酿成震惊社会的群体事件，教训不可谓不深刻。“当断不断，反受其乱。”顾虑、拖延是决策的大敌。有些决策，特别是一些非常规性的决策，本身就包含着一定的风险，何况有些问题来得急，需要当机立断。作为决策者，必须敢于担当、敢于拍板、敢于决断，切不可优柔寡断、错失良机，努力避开“布里丹选择”陷阱。

陷阱三：“沉锚”陷阱。决策时，人们往往受第一印象或第一信息支配，就像沉入海底的“锚”一样把决策者的思想固定在某处，遇事不由自主地将认识“锚”在第一印象或第一信息上；沉的“锚”不同，作出的决策自然也就不一样。远离“沉锚”陷阱，要求决策者必须要有民主的作风，不能固执己见，更不能个人专断。古人云：“能用众力，则无敌于天下矣；能用众智，则无畏于圣人矣。”（晋·陈寿：《三国志·吴主传第二》）民主是决策的生命，是国家治理体系和治理能力现代化的一个重要标志；民主的作风是科学决策的重要保障，也是衡量领导干部政治素质和领导能力的重要标准。领导干部作为决策的主体，既要有耳听八方的“功夫”，又要有包容天下的气度和舍己从人的勇气，既要能够认真倾听各方面的情况，又要能够容得下各种不同的意见和建议，广纳民言、广聚民意、广集民智、广借民力，善于在不同意见、不同声音中进行比较、鉴别和选择，善于运用民主的意识指导决策、运用民主的作风保障决策、运用民主的方法做出决策，从而使决策活动更加透明化，决策过程更加民主化，决策结果更加科学化。习近平总书记指出：“调查研究是谋事之基、成事之道，没有调查就没有发言权，没有调查就没有决策权。……正确的决策离不开调查研究。”[①] 远离“沉锚”陷阱，必须健全决策调研制度，把调查研究作为决策的前置条件和必经程序，决策前先调研，不调研不决策。坚持“一来一去”的决策模式。“从群众中来，到群众中去”是我们党一贯倡导和坚持的群众路线，也是进行科学决策、民主决策的中心环节。决策前，要到群众中求策问计，使决策具有广泛的群众基础；决策时，要把权力交给群众，调动群众广泛参与，虚心听取群众意见；决策后，要回到群众中去，广泛听取群众意见，对群众不理解的耐心解释，对群众不满意的及时进行改进，对群众反对的坚决予以纠正。坚持专家咨询和论证，认真听取专业人员的意见、建议。坚持重大决策合法性审查制度，努力做到科学决策、民主决策、依法决策。

陷阱四：“框架”陷阱。现实生活中，人们总是倾向于接受事物最初的框架，而不愿意冒险突破框架，尝试新的可能性。用这

---

① 习近平：《在党的十九届一中全会上的讲话（2017 年 10 月 25 日）》，《求是》2018 年第 1 期。

种思维模式去决策，很容易走进“框架”陷阱。创新是决策的灵魂。科学决策必须要有创新的精神，敢于突破陈规，敢于突破既有“框架”的束缚。2014 年 11 月 9 日，习近平总书记在亚太经合组织工商领导人峰会开幕式上的演讲中指出：“惟改革者进，惟创新者强，惟改革创新者胜。”[①] 决策本身就是一个创新的过程。惟改革创新者胜，“胜”就胜在改革、创新上，胜在决策创新上。一个领导干部的决策能力在很大程度上表现为创新能力。一个干事业、有作为的干部，必然是一个富有创新精神的干部；一个干事业、有作为的领导班子，必然是一个敢于突破陈规、勇于创新的领导班子。当前，中国特色社会主义进入新时代，社会主要矛盾转化为人民日益增长的美好生活需要和不平衡不充分的发展之间的矛盾。新时代要有新作为，更要有新举措。这就要求决策者必须要有很强的创新意识、创新精神和创新能力，敢于另辟蹊径，走别人没走过的路；敢于另谋新策，用别人没用过的招，以更大决心，冲破思想观念的束缚，突破利益固化的藩篱，始终保持与时俱进的精神状态，大胆解放思想，大胆实践、探索，始终坚持在实践中寻求答案，在创新中寻求出路，在改革中完善改革。

陷阱五：“井底之蛙”陷阱。井底之蛙源于《庄子·秋水》中的一则寓言故事：“井蛙不可以语于海者，拘于虚也。”常用来比喻目光短浅、见识狭隘。短视难有作为，远见赢得未来。决策具有一定的前瞻性、预测性和风险性，要求决策者必须高瞻远瞩、

---

① 习近平：《谋求持久发展，共筑亚太梦想——在亚太经合组织工商领导人峰会开幕式上的演讲》，《人民日报》2014 年 11 月 10 日。

统揽全局，善于察古知今、鉴往知来，具有宽阔的视野和开阔的思路，具有见微知著的洞察力和超前把握事态发展趋势的预见力，切不可鼠目寸光，一叶障目、不见泰山。远见源于卓识，思路决定出路。作为领导干部，必须善于在不断的学习和实践历练中增强掌控全局的能力和洞察未来的远见，努力提高自己的“眼商”。习近平总书记曾经指出，“一个政党要走在时代前列，一刻也离不开理论指导；一个领导干部要做好本职工作，一刻也离不开理论学习”[①]，“只有加强学习，才能增强工作的科学性、预见性、主动性，才能使领导和决策体现时代性、把握规律性、富于创造性，避免陷入少知而迷、不知而盲、无知而乱的困境，才能克服本领不足、本领恐慌、本领落后的问题”[②]。要加强马克思主义理论的学习，不断接受马克思主义哲学智慧的滋养，自觉坚持和运用辩证唯物主义世界观和方法论，以宽广的世界眼光和敏锐的战略思维、辩证思维、系统思维、创新思维、底线思维等思维方式观察、分析问题，努力使自己主导的决策成为正确的而不是盲目的决策，成为有科学根据的而不是想当然的决策。要加强对实践经验的总结和对新情况、新问题的调查研究，弄清楚它们是怎么产生的、变化发展的趋势怎样、应该如何引导使之趋利避害，在不断总结和探索中提高思想水平和决策能力。

---

① 习近平:《领导干部要认认真真学习，老老实实做人，干干净净干事》,《学习时报》2008 年 5 月 26 日。

② 习近平:《在中央党校建校 80 周年庆祝大会暨 2013 年春季学期开学典礼上的讲话》,《学习时报》2013 年 3 月 3 日。

# 话商：一个重要的领导力指数

话商是一个相对于“智商”“情商”的概念，说白了，就是一个人说话的能力、水平。“言，口之利也。”（《墨子·经上》）“说”是一种本能，“会说”是一种能力，而“说好”则是一种艺术；会说和说好，体现的就是一个人的话商。语言承载思想，话商展现魅力。卓越的领导智慧、高超的领导艺术一旦与出众的话商结合，便会产生一种无形的感染力、号召力和推动力。我国古代的思想家荀子说过：“口能言之，身能行之，国宝也。”（《荀子·大略》）刘勰也曾说过：“一人之辩，重于九鼎之宝；三寸之舌，强于百万之师。”（《文心雕龙·论说》）战国时期的墨子则直接将“厚乎德行，辩乎言谈，博乎道术”作为选贤任能的标准。由此不难看出，话商对领导者和领导工作至关重要，是一个重要的领导力指数。那么，如何提升领导者的话商呢？

第一，话商源于不倦的学习。技从学中来。习近平总书记曾深刻指出，领导者“语言的背后是感情、是思想、是知识、是素质”。马克思、恩格斯也曾说过：“语言是思想的直接现实。”[①] 一个话商高的领导者，往往三言两语就能切中要害、打动人心；话

① 《马克思恩格斯全集》第3卷，人民出版社1960年版，第525页。

商低的人，越是长篇大论，越容易招致反感。这里的关键，就看你有没有思想。话商源于领导者的思想、境界、学识，源于孜孜不倦的学习。一个称职的领导者必须是一个高话商的人，必须是一个善于学习的人，努力学习与自己工作领域相关的东西，打牢理论功底，增加知识储备，这样说起话来才能旁征博引、信手拈来，有思想、有观点、有见解，真正能够吸引人、打动人、鼓舞人。毛泽东一生酷爱学习，无论在炮火纷飞的战争年代，还是在任务繁重的建设时期，无论条件多么艰苦、环境多么恶劣，他都从未间断过读书。正是这种长期勤于学习、善于学习、嗜书如命的良好习惯所奠定的坚实理论功底，才成就了一代伟人——不仅是一位伟大的无产阶级革命家、战略家和理论家，也是一位独领风骚的书法家和诗人，更是一位才华横溢的语言大师。

第二，话商源于丰富的实践。实践是最丰富的“语库”，任何富有魅力的语言、提升话商的办法，无不来源于火热的生活和人民群众生动的实践。习近平总书记曾长期在基层工作，与人民群众有密切联系，他的从政生涯，使得他充分了解国情民情，也为向人民群众学习语言提供了许多机会。他的讲话，不仅立意高远、思想深邃，而且善于使用从实践和群众中提炼出来的大白话、大实话，让人听得懂、记得住。比如，用“国家好，民族好，大家才会好”这样朴实无华的话来阐明每个人的前途命运与国家和民族的前途命运紧密相连；用“缺钙”“软骨病”来比喻理想信念的缺失；用“墙头草”“推拉门”来描述干部队伍中的好人主义；用“巴豆虽小坏肠胃，酒杯不深淹死人”来揭示个人情趣无小事的道理；用“小康不小康，关键看老乡”来说明农业是立国之本；等等。这些源于实践的群众语言、轻松自然的表达方式，通俗中透着清新，直白中含着哲理，没有了官僚气，多了些泥土味，让人广为传诵、久久难忘。

第三，话商源于坚定的信念。领导者坚强的党性、坚定的信念本身，就是一种无法抗拒的魅力。习近平总书记反复强调："理想信念就是共产党人精神上的'钙'，没有理想信念，理想信念不坚定，精神上就会'缺钙'，就会得'软骨病'。"早在担任宁德地委书记期间，他写的"从政杂谈"等文章，就特别强调领导者要加强党性观念，坚持马克思主义的立场观点方法。他的一系列重要讲话、文章、访谈等，无不展现着一个共产党人坚定不移的信念、无所畏惧的勇气和强烈的责任担当。正是这种信念、勇气和担当，才使他的语言有底气、有分量、有魅力，不仅悦耳、动听，而且很能打动人心、鼓舞斗志，引发思考、启迪智慧，常常有拨云见日、豁然开朗之感，以至许多话题被热议、许多语录成热词、许多观点成了名言警句。

第四，话商源于真实的情感。"感人心者，莫先乎情。"（白居易:《与元九书》）真诚是最能提升话商的语言，唯有真诚才能说服人、感染人、打动人。正如美国著名的人际关系学大师卡耐基所言："要想成为一个优秀的谈话者，你必须是自然而不造作，活泼而不轻浮，富于同情心而不惺惺作态，你必须从你的心底流露出一种善良的意愿。"[①] 党的十八大以来，习近平总书记在不同场合发表的一系列重要讲话，不仅风格鲜明、内涵深刻、见解独到，而且总是透着真情、真诚和真挚，闪耀着真理的光芒。

---

① 〔美〕戴尔·卡耐基:《人性的弱点全集》，达夫编译，中国华侨出版社 2011 年版，第 48 页。

他在外交场合反复强调："国之交在于民相亲，民相亲在于心相通。"2013 年 3 月，他在坦桑尼亚尼雷尔国际会议中心演讲时，充满深情地说："真朋友最可贵。中非传统友谊弥足珍贵，值得倍加珍惜"，"真诚希望非洲国家发展得更快一些，非洲人民日子过得更好一些"[①]。2014 年 11 月，他在访问澳大利亚和新西兰时，讲述了马克林教授半个世纪 60 多次访华，孜孜不倦地向澳大利亚和世界介绍真实的中国的故事，讲述了在中国汶川地震时一群可爱的新西兰儿童在寒风凛冽的街头演奏小提琴为中国募捐，而当新西兰地震时中国国际救援队火速前往参与救援的故事。这些富有哲理、充满智慧、饱含深情的话语和故事，不能不让人听了为之动心、动情、动容。

*第五，话商源于艰苦的磨炼。*知识靠积累，能力靠磨炼。提升领导者的话商，既要靠学、靠悟，更要靠在实践中练；俗语"台上三分钟，台下十年功"，说的就是这个道理。古雅典著名的雄辩家德摩斯梯尼，天生就是一个低话商的人，不仅口吃，嗓音微弱，而且还有耸肩的坏习惯，初学演讲时多次被人轰下台来。但他毫不气馁，以超越常人的毅力，有针对性地进行练习。为了改进发音，他把小石子含在嘴里朗读，迎着大风和波涛讲话；为了去掉气短的毛病，他一边在陡峭的山路上攀登，一边不停地吟诗；他在家里装了一面大镜子，每天起早贪黑地对着镜子练习演说；为了改掉耸肩的坏毛病，甚至在左右肩上各挂一把剑；他把自己剃成阴阳头，以便能安心躲起来练习演说。功夫不负有心

---

① 习近平：《永远做可靠朋友和真诚伙伴——在坦桑尼亚尼雷尔国际会议中心的演讲》，《人民日报》2013 年 3 月 26 日。

人。通过多年的刻苦努力，他终于成为一位出色的演说家。他的著名的政治演说为他建立了不朽的声誉，他的演说词结集出版，成为古代雄辩术的典范，打动了千千万万听众的心。

## 用好的“话风”提升领导魅力

“话风”就是说话的做派和风格。话风之多，诸如“油腔滑调”“高谈阔论”“之乎者也”“花言巧语”“啰里啰唆”，抑或“机智风趣，妙语连珠”“诙谐幽默，雅俗共赏”“引经据典，新意迭出”“和声细语，娓娓道来”“热情奔放，魅力四射”，如此等等，不一而足。良好的话风，不仅是领导干部自信与能力、思想与视野、智慧与艺术的展现，更是其真情实感、心路历程、雄才伟略和人格魅力的自然流露，同时还是掌握领导工作话语权的重要前提。话风源于作风，连着党风、政风和民风。作风是话风的根子，话风是作风的影子。培养好的话风，说到底就是要改进作风和文风。

1. *说短话*。毛泽东同志在其光辉著作《党委会的工作方法》中指出：“讲话、演说、写文章和写决议案，都应当简明扼要。会议也不要开得太长。”[①] 开短会、讲短话，是我们党一贯倡导的优良作风。领导干部说短话，体现的不仅仅是作风、文风和“话

① 《毛泽东选集》第 4 卷，人民出版社 1991 年版，第 1443 页。

风”，更是素质、能力和水平。习近平总书记在新当选国家主席时发表的讲话，全文不到3000字，用时22分钟。篇幅不长，却重点突出，9次提及“中国梦”、44次提到“人民”，赢得了10余次热烈的掌声。只有五千字的《道德经》，却成为人们千古传诵的不朽之作。大道至简。越是简短的话，往往越是凝结着深刻的思想和哲理。说短话，是一件非常不容易的事，关键是勤于学习、勤于思考、勤于提炼、勤于积累，并且要经常深入实际，吃透情况。这样，说起话来才能简短精练、直截了当，要言不烦、意尽言止，观点鲜明、重点突出。当然，说短话并不是简单地限制时间，更不是唯短是美，要坚持从实际出发，内容决定形式，宜短则短，宜长则长；“凫胫虽短，续之则忧；鹤胫虽长，断之则悲”，说话也是这个道理。

2. 说实话。实事求是是马克思主义活的灵魂，也是领导干部说话必须遵循的重大政治原则。习近平总书记在中央党校2011年秋季学期第二批入学学员开学典礼上强调指出：“在领导机关、领导干部中，要进一步营造和保持讲真话、讲实话、讲心里话的良好氛围，鼓励如实反映情况和提出不同意见，积极开展批评与自我批评，坚决反对上下级和干部之间逢迎讨好、相互吹捧，坚决反对把党内生活庸俗化。”[①] 说假话而不说实话，有百害而无一利。列宁曾警告说：“决不要撒谎！我们的力量在于说真话！……吹牛撒谎是道义上的灭亡，它势必引向政治上的灭亡。”[②] 毛泽东同志一贯坚持提倡说实话、不说假话，并告诫全党：“老实人，敢

① 习近平：《谈谈调查研究》，《学习时报》2011年11月21日。
② 《列宁全集》第9卷，人民出版社1959年版，第279、281页。

讲真话的人，归根到底，于人民事业有利，于自己也不吃亏。爱讲假话的人，一害人民，二害自己，总是吃亏。”[①] 说实话，就是有一说一、有二说二，不夸大、不缩小，客观真实地表达自己的意见和看法，不口是心非、阿谀奉承，不华而不实、夸夸其谈，不哗众取宠、蛊惑他人。说实话，是人与人之间相互了解和沟通的基础，失去它，就失去了与人相处的基本资格；说实话，彰显的是一种传统美德、一种政治品格、一种责任担当、一种素质能力，而鼓励说实话，则是一个共产党人的政治胸怀。说实话，就是要敢于坚持真理，在大是大非面前立场坚定、旗帜鲜明，勇于发声，用自己的话语权还原事物的本来面目；就是要排除私心杂念，敢于站在客观公正的立场上发表自己的真实想法和看法；就是要开诚布公、坦诚相待，不绕弯子、直来直去，言而有信、一诺千金。

3. *说新话*。俗话说：“好话重三遍，鸡狗不待见。”喜新厌旧是人的本性，再好的讲话，再优美的语言，说得多了也没有人愿意去听。这就要求领导干部说话必须要有新意，就是要力求思想深刻，不落俗套，不人云亦云；就是要少说“普通话”、多讲“地方话”，少说“书”话、多说“人”话，既不重复别人、也不重复自己，让人听了感觉新鲜、解渴、管用。“新”由“心”来，言为心声。说话前，对想说的内容事先要进行缜密思考，形成基本的思路和框架，即使是旧主题也要有新思维、新角度，旧观点也要有新材料、新论证，旧材料也要有新概括、新见解。对重点内容，要字斟句酌，反复研究、思考，反复比较、推敲，反复提

① 《毛泽东文集》第 8 卷，人民出版社 1999 年版，第 50 页。

炼、升华，增强逻辑性和针对性，彰显语言和思想的力量。党的十八大以来，习近平总书记在不同场合发表的一系列重要讲话，以其极富个性化的语言和表达风格，让大家想听、爱听、愿听，往往觉得很过瘾、很解渴、很兴奋，常常有拨云见日、豁然开朗和醍醐灌顶之感，许多话题被热议，许多语录成热词，许多观点成了名言警句。2013 年 3 月 23 日，他在莫斯科国际关系学院发表了题为《顺应时代前进潮流，促进世界和平发展》的重要演讲，在阐述“各国和各国人民应该共同享受尊严”时，强调“鞋子合不合脚，自己穿了才知道”，用来说明“一个国家的发展道路合不合适，只有这个国家的人民才最有发言权”。不仅十分贴切、朴实，而且极富新意，充满了智慧和哲理，给人留下深刻印象，被现场学生归纳为“鞋子理论”。

4. 说自己的话。习近平总书记深刻指出：“语言的背后是感情、是思想、是知识、是素质。”[①] 思想是语言的底蕴，语言是有声的思想。一个领导干部有没有水平，说出来的话群众愿意不愿意听，关键就看你有没有思想、是不是说自己的话。黄宗羲是明末清初著名的哲学家、史学家，对诗学也很有研究。相传某日有人拿了自己的诗作，向黄宗羲请教。黄宗羲翻开诗稿，刚看了几句，就说：“这是杜诗。”再往下看，又连声说道：“杜诗！杜诗！”来人受宠若惊，喜形于色。要知道，杜甫可是诗圣呀，自己的诗被当作是杜甫写的，不就说明自己和杜甫水平相当了吗？可是黄宗羲接着说：“诗的确像杜甫的诗，可是你自己的诗在什么地方呢？”来人听了颇感失望和尴尬。不过，经黄宗羲这么一点拨，

---

① 习近平：《之江新语》，浙江人民出版社 2007 年版，第 146 页。

此人豁然开朗，从此下定决心，抒发自己的感情，说自己的话。说自己的话，最根本的是要有自己的思想和见解。这就需要领导干部要善于学习，并融会贯通。不能照本宣科、生搬硬套，甚至“生吞活剥”上级领导的讲话及文件，要在认真学习领会并掌握其精髓要义的基础上，经过独立思考、消化吸收，渗透进自己的理解和智慧，形成自己的观点和语言；要善于提炼、概括，有自己的独到见解。要多读些经典理论书籍，打牢理论功底，使自己的思考和见解有一定的理论深度。要深入调查研究，力求掌握基层第一手真实材料，使自己的见解具有强烈的针对性、时效性和鲜活性；要独树一帜，形成风格。通过长期的实践、锻炼和体验、升华，逐步形成自己的表达方式和语言风格，或深邃睿智，或调侃幽默，或简约传神，或通俗易懂，努力做到个性独具，听其言便知其人。

5. *说群众的话*。毛泽东同志在延安整风期间曾强调：“要向人民群众学习语言。人民的语汇是很丰富的，生动活泼的，表现实际生活的。”[①] 群众的话，生动形象、通俗易懂，诙谐幽默、新鲜活泼，言简意赅、以小见大，不仅充满智慧和哲理，而且富有感情色彩，传递着重要的民情信号；一句民谣、一个段子，往往折射着深刻的社会问题和群众的喜怒哀乐。领导干部要善于倾听、学会使用群众语言，说群众的话。这不仅是一种能力、一种修养、一种境界，更是联系群众、服务群众，做好群众工作的基本要求，是一种重要的工作方法和领导艺术。说群众的话，就是用群众的语言说话，用群众的语言为群众说话，说能说到群众心里

① 《毛泽东选集》第 3 卷，人民出版社 1991 年版，第 837 页。

去的话。这就要求领导干部必须牢记党的宗旨，切实转变作风，经常深入群众，真正融入群众，始终与群众心相连、情相通、话相投。同时，还要认真揣摩群众的语言习惯和表达方式，不断用基层鲜活的语言充实和丰富自己的“话语体系”，去掉官僚气，多点乡土气，用群众的话、用群众易于接受的方式表述观点、亮明主张，从而形成共识、获得支持，促进工作、推动发展。

## 让会“写”成为领导干部的能力标配

领导干部作为治国理政的“关键少数”，不仅要政治过硬，也要本领高强；不仅要能干、会干，也要能说、会写。文字是思想的载体，卓越的领导智慧、高超的领导艺术一旦与优美的文字结合，便会产生一种让人无法抗拒的领导魅力。对领导干部而言，脑瓜子、嘴巴子、笔杆子永远都是最重要的“装备”；用脑瓜子思考、谋划和决策，用嘴巴子和笔杆子表达思想、陈述观点、亮明立场和主张，进而形成共识、获得支持、推动落实。为此，邓小平同志指出：“领导的主要方法是用笔。用笔写成东西指导工作有一个好处，就是比嘴说的要周密全面，因为写出来的东西是经过提炼的，并能使广大群众都能了解”①；“不懂得用笔

① 《邓小平文集（1949—1974年）》上卷，人民出版社2014年版，第80页。

杆子，这个领导本身就是很有缺陷的”[①]。可见，会“写”也应该成为领导干部的能力标配；会“写”，就是用自己的语言，表达自己的思想，不重复别人，也不重复自己。虽然说“文无定法”，但也并非没有规律可循。

1. 多读书。古人云：“孔子圣人，其学必始于观书。”（苏轼：《李氏山房藏书记》）邓小平同志也说过：“我们的领导同志往往不善于在报上写东西，这只有一个解决的办法，就是学习。”[②]好文章是写出来的，更是读书读出来的。作为领导干部，必须是一个爱读书、善读书，勤学习、善学习的人，努力学习党的理论和路线方针政策，学习与自己工作领域相关的东西，努力掌握马克思主义世界观、方法论，打牢理论功底。这样，写起来才能旁征博引、信手拈来，有观点、有见解、有新意。多读贵在做到“三个坚持”，即坚持读原著、学原文、悟原理，坚持理论和实践、历史和现实、当前和未来、国际和国内相结合，坚持联系地而不是孤立地、系统地而不是零散地、全面地而不是局部地读，真正读懂弄通、学深悟透、学以致用。

2. 多积累。毛泽东同志曾经说过：“今日记一事，明日悟一理，积久而成学。”[③]作为领导干部，要养成勤于积累、善于积累的好习惯，这不仅是写作的基础，也是提高的基础。如果说写好文章是一条很艰辛的道路，那么积累就如同这条路上的一块块垫脚石，帮助你一步一步地走向辉煌、取得成功。积累可以增加素

① 《邓小平文选》第 1 卷，人民出版社 1994 年版，第 145—146 页。

② 《邓小平文集（1949—1974 年）》上卷，人民出版社 2014 年版，第 80 页。

③ 中共中央文献研究室：《毛泽东年谱（1893—1949）》上卷，中央文献出版社 2013 年版，第 26 页。

材、案例和观点储备，使你写起来才思泉涌、妙笔生花，如行云流水、酣畅淋漓。积累贵在有心、上心、用心。读书、看报，出席会议、参加学习培训，把其中的一些精彩片段和观点随时记录下来，不仅能够积累有形的物质资料，还能积累无形的精神资料，也就是从中发现一些值得重视、值得思考和研究的问题以及自己的感悟。这对提高写的能力和水平大有裨益。相传王安石 20 岁时进京赶考，元宵节路过某地，边走边赏灯，见一大户人家高悬走马灯，灯下悬一上联，征对招亲。联曰："走马灯，灯走马，灯熄马停步。"王安石见了，一时对答不出，便默记心中。到了京城，主考官以随风飘动的飞虎旗出联："飞虎旗，旗飞虎，旗卷虎藏身。"王安石即以招亲联应对，被取为进士。归乡路过那户人家，闻知招亲联仍无人对出，便以主考官的出联回对，被招为快婿。真可谓"大路上的积累，使天下有心人步入仕途；考场上的积累，使天下有情人终成眷属"。

3. 多思考。贺国强同志曾经说过："多读书、读好书，勤思考、善总结，是提升素质、增长本领、陶冶情操的重要途径。"①思考是写作的前提，写作是思考的表达。延安时期，毛泽东同志为《新中华报》的题词只有两个字："多想。"②习近平总书记在兼任中央党校校长时强调："我们党需要有一批'踱方步'的人。"③陈云同志也说过："要拿出一定的时间'踱方步'。"④火花往往在

① 《贺国强党建工作文集》(上)，人民出版社、党建读物出版社 2014 年版，第 99 页。

② 许宝健:《脚力眼力脑力笔力》,《学习时报》2018 年 8 月 29 日。

③ 引自迟爱萍:《"踱方步"中的大智慧》,《人民论坛》2010 年第 31 期。

④ 《陈云文选》第 3 卷，人民出版社 1995 年版，第 377 页。

“冷思考”中产生，观点往往在“踱方步”中形成。如果说“读”作为写的源头和基础至关重要，那么比“读”更重要的则是“思”；思考是打开灵感之门的一把钥匙。孔子“学而不思则罔，思而不学则殆”、墨子“默则思，言则诲，动则事，使三者代御，必为圣人”(《墨子·贵义》)、晁说之“为学之道，必本于思”、曾国藩“不深思则不能造于道，不深思而得者，其得易失”等，说的都是这个道理。人因思而强大、因思而渊博、因思而深邃。领导干部一定要善于把学习与思考结合起来，对党的一些重大理论创新成果，要坚持及时学、跟进学、深入学，准确把握其观点、体系和脉络；对工作中的一些重大问题、重要情况，特别是基层干部群众的生动实践、鲜活经验和工作创新，经常性地进行一些深层思考和理论概括，形成自己的观点和见解。同时，要善于在理论与实践的结合上作文章。对领导工作中的一些新理念、新思想、新方法要及时运用于实践，再从实践中提炼、概括出新的理论观点；对初步形成的文字材料，要反复研究、思考，反复比较、推敲，反复提炼、升华，增强逻辑性和系统性，使文章具有可读性和感染力。

4. 多练习。知识靠积累，能力靠磨炼。提高写的能力，既要靠学、靠悟，更要靠多写、多练。作为领导干部，尤其要学会并用好“三支笔”，即写个人讲话的笔、写调研报告的笔、写理论文章的笔。对自己的讲话，坚持自己思考、自己起草、自己修改；对其中的一些重要讲话，要勤于整理、加工，使之系统化、理论化，成为重要的理论成果，这种写出来的“成果”又有助于进一步增强讲话的系统性、理论性和思想性。“言之无文，行而不远。”写出来的“成果”经媒体发表后，可以在更大范围内发挥影响和指导作用。同时，写作的过程还是对平时读书学习的收获、为官从政的体会、思考感悟的成果进行系统归纳、凝练提升和理论概括的过程。经常性地进行这样的梳理、归纳，可以锻炼、提高逻辑思维能力、文字表达能力，使自己的文章不仅文字流畅、文采斐然，而且条理清晰、言之有物，富有感染力和启发性。

5. 多修改。“文章不厌百回改，反复推敲佳句来。”从贾岛“僧敲月下门”，到袁牧“一诗千改始心安”，再到杜甫“新篇日日成，不是爱声名；旧句时时改，无妨悦性情”，真正的传世之作，无一不是反复修改、精心打磨出来的。曹雪芹写作《红楼梦》“披阅十载，增删五次”“字字看来皆是血，十年辛苦不寻常”；鲁迅先生写《藤野先生》，前后修改了一百多处；著名作家巴金更是“写到死、改到死”，努力“用辛勤的修改来弥补自己作品的漏洞”。毛泽东同志不仅是写文章的大家，也是改文章的高手，一生改过的文章无数。他多次说过，“写文章和写诗不经过修改是很少的”[①]“重要的文章不妨看它十多遍，认真地加以删改，然后发表。文章是客观事物的反映，而事物是曲折复杂的，必须反复研究，才能反映恰当”[②]。他写《关于正确处理人民内部矛盾的问题》，前后修改了十几遍，持续近半年时间。习近平总书记在文艺工作座谈会上说，法国作家福楼拜“写《包法利夫人》‘有一页就写了5天’”[③]。可见，文章是写出来的，好文章则是改出来的；

① 中央文献研究室:《二十世纪五六十年代毛泽东关于文风的论述》,《党的文献》2013 年第 4 期，第 28—33 页。

② 《毛泽东选集》第 3 卷，人民出版社 1991 年版，第 844 页。

③ 习近平:《在文艺工作座谈会上的讲话（2014 年 10 月 15 日）》,《人民日报》2015 年 10 月 15 日。

要想写好，就必须有这种写了改、改了写,“一页写5天”的精神。

文字是有形的思想，思想是无声的力量。著名新闻理论家、《人民日报》原副总编辑梁衡先生说过:“一个好的官员，如果他真的把工作当成一种事业；真的想为社会、为百姓干一点事；真的想探寻真理，研究规律，那他最后必定是一位政治家、专家、学者、思想家和文章家。”① 愿更多的领导干部能够拿起笔来，以自己身居庙堂之位、胸怀忧国之心、肩负为民之责的使命担当，把自己的所见所闻、所思所想、所感所悟写出来，不必追求最后都成为“政治家、专家、学者、思想家和文章家”，但至少对工作是个促进、对社会是个贡献、对个人是个充实、锻炼和提高。

既如此，何乐而不为呢?

## 让家庭成为可靠的后方

习近平总书记指出:“家庭是社会的基本细胞，是人生的第一所学校。不论时代发生多大变化，不论生活格局发生多大变化，我们都要重视家庭建设，注重家庭、注重家教、注重家风，……使千千万万个家庭成为国家发展、民族进步、社会和谐的重要基点。”② 领导干部身居官位、手握公权、肩负重任，不仅具有广泛

---

① 梁衡:《当干部与写文章》,《人民日报》2015年10月9日。

② 习近平:《在2015年春节团拜会上的讲话》,《人民日报》2015年2月18日。

的社会影响力和示范带动力，而且还是一个家庭的“掌门人”，必须重视家庭建设，以严明的家规、严格的家教、严实的家风，从思想上教育熏陶，从行动上示范引领，努力使自己的家庭成为全社会的样板，使家庭成员人人成为践行社会主义核心价值观的模范。

## 一、重视家庭是中华民族和中国共产党人一以贯之的优良传统

习近平总书记在2015年春节团拜会上指出：“中华民族自古以来就重视家庭、重视亲情。”① “天下之本在国，国之本在家。”(《孟子·离娄上》) 家庭是社会的细胞，是国家治理结构的基本单元，是国运昌盛、民族复兴的基石。自古以来，我国就有重视家庭、注重家教的优良传统。孟母三迁、曾子烹彘、颜之推教子等家教故事至今耳熟能详。《颜氏家训》《钱氏家训》《朱子家训》等家庭文化代代相传，成为中华优秀传统文化的重要组成部分。据《中国丛书综录》一书记载，我国古代公开出版的“家训”总共有一百二十多种②。这些家训，不仅承载着历史、蕴含着哲理、凝结着智慧，让后人每读每有启悟、每阅每有警策，而且传承着文化、传递着文明、引领着未来，成为支撑中华民族生生不息、薪火相传的精神血脉。纵观人类社会发展史，不知道有多少民族湮没在历史长河中、消失在茫茫旷野里，有多少文明变成了一抔黄土、几行陈迹，唯独中华民族历经沧桑而不衰；世界四大古文

---

① 习近平:《在2015年春节团拜会上的讲话》,《人民日报》2015年2月18日。

② 吴雯雯:《让家风伴随“姓氏”薪火相传》,《浙江日报》2016年4月7日。

明（古巴比伦、古埃及、古印度和中国）也只有中华文明得以传承下来，并且延续了五千多年而从未断流。第二次世界大战前夕，曾有欧洲学者对此作过研究，他们得出一个重要结论：这是中国人特别重视家庭教育的结果[①]。

中国共产党人是坚定的马克思主义者，也是中国优秀传统文化的忠实继承者和弘扬者，历来重视家庭建设。毛泽东同志早就说过："提出建立模范家庭，这是共产党的一大进步。我们主张家庭和睦，父慈子孝，兄爱弟敬，双方互相靠拢，和和气气过光景。"[②]朱德同志在《勤俭持家》一文中指出："每个人都有一个家庭，每个人在家庭中都负有一种不可推辞的光荣的养老养小的责任。……在马克思主义者看来，社会主义和共产主义并不是要取消家庭，而是要使家庭更幸福更美满。养亲教子的古训，不仅现在适用，就是将来也是适用的。"[③]邓小平同志也说过："家庭和睦也是经常要做的工作。要处理好的，一是夫妻关系，二是婆媳关系，三是妯娌关系，四是父母子女关系等等。"[④]新修订的《中国共产党廉洁自律准则》将"廉洁齐家，自觉带头树立良好家风"列为党员领导干部廉洁自律规范的重要内容之一；2016年2月，中共中央办公厅印发《关于在全体党员中开展"学党章党规、学系列讲话，做合格党员"学习教育方案》，强调共产党员必须"加强党性锻炼和道德修养，心存敬畏、手握戒尺，廉洁从政、

---

① 刘余莉：《将教天下，必定其家，必正其身》，《中国纪检监察》2016年第10期。

② 《毛泽东文集》第3卷，人民出版社1996年版，第115—116页。

③ 《朱德选集》，人民出版社1983年版，第370页。

④ 《邓小平文选》第1卷，人民出版社1994年版，第294页。

从严治家，筑牢拒腐防变的防线”[①]。家是人生的基点、事业的支点，是梦想起步的地方。对领导干部来讲，家庭是可靠的后方，是温馨的港湾，是还原本我、存放心灵、注入正能量、收藏负情绪的地方。健康的家庭生活，不仅可以滋养身心，鼓舞斗志，使自己全身心投入工作，而且可以影响带动周围的人跟着学、照着做。否则，一旦后院起火、家庭生乱，不仅不能安心工作，甚至因家风败坏而导致违法乱纪；“从近年来查处的腐败案件看，家风败坏往往是领导干部走向严重违纪违法的重要原因”[②]。因此，要想从好政，必先治好家；要想当好省长、市长，必先当好家长；要想抓好班子、带好队伍、干好事业，必先管好自己、管好家人、管好家事。

习近平总书记指出：“家庭和睦则社会安定，家庭幸福则社会祥和，家庭文明则社会文明。历史和现实告诉我们，家庭的前途命运同国家和民族的前途命运紧密相连。”[③] 传统文化强调家国同构、家国一体，在“国·家·人”体系中，家是最基本的社会单元。国是大河，家是支流；家是最小国，国是千万家。千家万户都好，国家才能好，民族才能好；反过来，国家好，民族好，家庭才能好。这就是“大河有水小河满，小河无水大河干”的道理。“一家仁，一国兴仁；一家让，一国兴让。”（《大学》第九章）领导干部的家庭具有特殊而鲜明的组织属性、政治功能和示范效

① 中共中央办公厅：《关于在全体党员中开展“学党章党规、学系列讲话，做合格党员”学习教育方案》，《人民日报》2016 年 2 月 29 日。

② 《习近平谈治国理政》第 2 卷，外文出版社 2017 年版，第 165 页。

③ 习近平：《在会见第一届全国文明家庭代表时的讲话（2016 年 12 月 12 日）》，《人民日报》2016 年 12 月 16 日。

应，在党和国家事业发展中有着独特而重要的作用。从某种意义上说，加强领导干部家庭建设，不仅是事关民族复兴大业的时代命题，也是实现中华民族持久繁荣兴旺的国家战略。因此，必须把领导干部的家庭建设与党的执政能力建设和国家的经济社会发展结合起来，把教育引导家庭成员爱家庭、爱家人与爱党、爱国、爱人民统一起来，把家庭梦与民族梦融合起来，以千千万万个家庭的好家风支撑起全社会的好风气，以千千万万个家庭的家庭梦托起中华民族伟大复兴的中国梦，以千千万万个家庭的幸福实现人民对美好生活的向往。

## 二、培育和传承良好家风是家庭建设的核心

有家庭就有家风。家风，又叫“门风”，是一个家庭或家族在世代繁衍发展的过程中，逐步形成的传统习惯、生活方式、行为准则与处世之道的综合体。家是人生的起点，家庭是人生的第一所学校，家规家训是人生的第一本教材，家风则是从家规家训中散发出来的“书香”，是蕴含在家规家训里的哲理和思想，是弥漫在家庭中的空气和阳光，是家庭成员精神成长的源头和动力。不仅如此，家风还是民风社风的根基，是社会和谐的基础；家风正则民风淳，民风淳则社稷安。家庭建设的最高境界是家和万事兴，其起点、基础和核心是通过立家规、严家训，培育和传承良好家风，使之与社会主义核心价值观的要求相契合、与中国特色社会主义新时代相适应、与中华民族的传统美德相贯通。历史的经验表明，唯有这样的家风才能世代传承而不中衰，唯有这样的家庭才能世代兴盛而不败落。

1. 崇尚学习。“立身百行，以学为基。”（元·许名奎《劝忍百箴》）知从学中来，智从学中求，志从学中立。学习是中华民族的优良传统，也是立身做人的永恒主题。被称为中华家训始祖的《颜氏家训》，其核心就是“读书做人”；“忠厚传家久，诗书继世长”“人才有高下，知物由学”“家有千金，不如薄技在身”等传世训言，都是古人崇尚学习的真实反映。对领导干部来讲，崇尚学习、加强学习不仅是一种修养、一种觉悟、一种境界，更是一种政治追求；不仅是个人行为，更是一种家庭行为、社会行为；不仅是个人成长进步的需要，更是一种家庭责任、社会责任。因此，必须养成重视学习、勤奋学习的良好习惯，始终把学习作为一种行为自觉融入思想、作为一种生活方式融入日常、作为一种价值追求融入人生，活到老、学到老，以自己的“书不离手、曲不离口”的行动自觉，影响、带动家庭成员形成崇学尚读的习惯，让家庭时时回荡着读书声，处处洋溢着书墨香。

2. 崇尚修身。儒家经典《大学》中说，“古之欲明明德于天下者，先治其国；欲治其国者，先齐其家；欲齐其家者，先修其身”，“身修而后家齐，家齐而后国治，国治而后天下平”。战国时期的思想家荀子也说过：“以修身自强，则名配尧禹。”（《荀子·修身》）。修身是做人的根本、齐家的起点，也是治国、平天下的基础。家庭成员人人注重修身，势必家庭和、家风正、家道旺。领导干部修身，就是要明大德、守公德、严私德，坚定理想信念，锤炼坚强党性，强化宗旨意识，自觉践行人民对美好生活的向往就是我们的奋斗目标的承诺，严格约束自己的操守和行为，切实把人民赋予的权力用来造福于人民。要多积尺寸之功，注重从小事小节上加强修养，从一点一滴中完善自己，慎独慎初，慎微慎欲，培养和强化自我约束、自我控制的意识和能力，做到“心不动于微利之诱，目不眩于五色之惑”。

3. 崇尚礼仪。“不学礼，无以立。”(《论语·季氏第十六》）中国自古就是礼仪之邦。“礼者，敬人也。”礼仪的核心是敬人爱人，即敬人如亲、爱人如己。“爱人者，人恒爱之；敬人者，人恒敬之。”(《孟子·离娄下》）无论是在家庭还是在社会上，都要以礼待人、孝老爱亲、尊老爱幼。家庭内部要互敬互爱，让每一个家庭成员都生活在被尊重、被关爱的氛围中，使他们感觉到家的温暖与温馨。邻里之间要“视人之家若视其家，视人之身若视其身”(《墨子·兼爱中》)，以邻为缘、以邻为荣、以邻为亲，友邻、睦邻、善邻，让“邻里和睦也是和美家风”成为家庭成员的共识，让“远亲近邻都是亲，守望相助一家人”成为新时代邻里关系的新气象，以“家庭和美、邻里和睦”夯实社会和谐、稳定的基础。

4. 崇尚诚信。“诚者，天之道也；思诚者，人之道也。”(《孟子·离娄上》）人无信不立，国无信不强，家无信不兴。诚信是融入骨髓的道德，是维系社会秩序的纽带。中国共产党是最讲诚信的马克思主义政党，一部中国共产党的历史，就是一部党领导人民靠诚信赢得群众、组织群众、带领群众闹革命、搞建设、谋改革、图复兴的历史。作为领导干部，必须从自身做起，从自己的家庭做起，带头诚实守信，努力做到“口言之，身必行之”(《墨子·公孟》)，充分发挥领导干部在诚信家庭、诚信家风建设中的示范作用和家庭在诚信社会、诚信国家建设中的基础作用，让诚实守信成为人们的价值追求，让有诺必践成为人们的行动自觉。

5. 崇尚勤俭。“节俭朴素，人之美德；奢侈华丽，人之大恶。”（薛瑄：《读书录》卷七）毛泽东同志指出：“要提倡勤俭持家，勤俭办社，勤俭建国。我们的国家一要勤，二要俭，不要懒，不要豪华。”①邓小平同志也说过：“勤俭建国、勤俭持家一定要联起来，只提一个不够。有了强盛的国，家才会富起来。……勤俭建国、勤俭持家应经常提倡，是长期要做的工作。”②习近平总书记多次强调，“勤俭节约自古以来就是中华民族的优良传统，也是为人、治家、兴国的成功之道”③，“要弘扬中华民族传统美德，勤劳致富，勤俭持家”④。“历览前贤国与家，成由勤俭败由奢。”（唐·李商隐：《咏史》）勤俭节约、勤俭持家是中华民族的传统美德。“晚清三杰”之一的曾国藩，其家风文化的核心就是勤与俭：“勤者，生动之气；俭者，收敛之气。有此二字，家运断无不兴之理。”⑤领导干部作为治国理政的“关键少数”，必须在勤俭持家上带好头，教育引导家庭成员自觉抵制拜金主义、享乐主义和奢靡之风，少一份干部家庭、干部亲属的优越感，多一份回报国家、奉献社会的责任感，时时处处“量腹而食，度身而衣”（《墨子·鲁问》），以一人带全家，以小家带大家，进而影响和带动全社会形成勤俭之风、节约之风、清廉之风。

6. 崇尚劳动。“劳动最光荣、劳动最崇高、劳动最伟大、劳

---

① 中共中央文献研究室：《毛泽东著作专题摘编》（上），中央文献出版社 2003 年版，第 935 页。

② 《邓小平文选》第 1 卷，人民出版社 1994 年版，第 294 页。

③ 习近平：《干在实处　走在前列》，中共中央党校出版社 2006 年版，第 557 页。

④ 《习近平谈治国理政》第 2 卷，外文出版社 2017 年版，第 90 页。

⑤ 曾国藩：《曾国藩绝学》第 1 卷，线装书局 2010 年版，第 260 页。

动最美丽。”[①] 热爱劳动是做人、立身、安家、兴邦的根本。邓小平同志曾经深刻指出：“劳动能改变人的思想。……有了劳动的习惯就不会变懒，思想意识也就不同了，就不会去贪污、浪费，侵占别人的劳动成果。”[②] 马克思主义者认为，劳动是人类创造社会物质财富和精神价值最重要的活动。幸福不会从天而降，美好生活靠劳动创造。作为领导干部，必须要有事必躬亲的思想自觉，使自己养成热爱劳动、凡事自己动手的良好习惯，让家庭成员在尊重劳动、崇尚劳动、诚实劳动的家风熏陶下，养成坚韧不拔、奋发进取的意志品质。

## 三、领导干部是家庭建设的关键

习近平总书记指出，“领导干部的家风，不是个人小事、家庭私事，而是领导干部作风的重要表现”[③]，“每一位领导干部都要把家风建设摆在重要位置，廉洁修身、廉洁齐家，在管好自己的同时，严格要求配偶、子女和身边工作人员”[④]。“将教天下，必定其家，必正其身。”（宋·赵湘：《本文》）领导干部都有家庭，但领导干部的家庭不单纯是传统意义上的栖身之地、起居之所，而且还是教化家人的学校、示范社会的样板、引领风尚的航标；领导干部的家庭、家风，不仅关系着自己的作风和公众形象，而且攸

① 《习近平给中国劳动关系学院劳模本科班学员的回信》，《人民日报》2018 年 5 月 1 日。

② 《邓小平文集（1949—1974）》下卷，人民出版社 2014 年版，第 217 页。

③ 《习近平主持召开中央全面深化改革领导小组第十次会议强调，科学统筹突出重点对准焦距，让人民对改革有更多获得感》，《人民日报》2015 年 2 月 28 日。

④ 《习近平谈治国理政》第 2 卷，外文出版社 2017 年版，第 165 页。

关党和政府的形象，攸关党风、政风和民风。加强家庭建设，必须发挥领导干部的主导和示范作用，并善于从以家庭文化为核心的中华优秀传统文化中汲取智慧和营养。

1.“严”字当头，立好家规。国有国法，家有家规。家规是家庭的“基本法”，是立家之本、修身之要，是“述立身治家之法，辨正时俗之谬，以训子孙”的法宝。家规不严，家训不张，必然导致家风败坏、家道中落。作为领导干部，必须认识到从严治家是对自己也是对家人最好的保护。党纪严于国法，家规理应严于党纪。要坚持与情、与理、与德、与法并行不悖的原则，宽严有度立好规矩，言传身教做好示范，决不允许家庭成员和亲友利用自己的权力和影响谋取私利，以免为情所累、为情所伤、为情所误。

2.“公”字当头，恪守家训。家训是家庭的“核心价值观”，是对家庭成员立身处世、持家操业的教诲。新时代的家训，必须彰显党全心全意为人民服务的根本宗旨和社会主义核心价值观的要求，坚持“公”字当头，先大家后小家，舍小家为大家，处处体现公正无私、公而忘私、先公后私的崇高境界。要以“国计已推肝胆许，家财不为子孙谋”(唐·罗隐:《夏州胡常侍》)的家国情怀，自觉划清情与权、情与纪、情与法的界限。要以“心术不可得罪于天地，言行要留好样与儿孙”(清·金兰生:《格言联璧》)的党性自觉廉洁修身、廉洁齐家，防止公权力进入私人领地。要注重家教，尤其要加强对未成年子女的教育，帮助他们“扣好人生的第一粒扣子”。

3.“德”字当头，涵养家风。家风是一种德行传承，是一个家庭的精神内核，是塑造家庭成员精神长相的“模板”，直接影响一个人做人、做事的风格。领导干部的家风植根于中国传统文化的土壤，浸染着中国特色社会主义新时代的气息，体现着共产党人的理想、信仰和价值追求，有着更为丰富、深刻的内涵和鲜明的时代特色。习近平总书记指出："家风好，就能家道兴盛、和顺美满；家风差，难免殃及子孙、贻害社会。"[①] 领导干部必须坚持以德修身、以德立家、以德治家，带头加强道德修养和党性锻炼，保持高尚道德情操和健康生活情趣，涵养良好家风，并让良好的家风成为春风化雨、润物无声的强大正能量，助人立德立言、成人成才。要树立正确的人生观、价值观、幸福观，铭记"爱子，教之以义方，弗纳于邪"（左丘明：《左传·隐公三年》）的古训，少为子孙谋财，多为后辈留德。这是历史的智慧和教训。

① 习近平：《在会见第一届全国文明家庭代表时的讲话（2016 年 12 月 12 日）》，《人民日报》2016 年 12 月 16 日。

第三章

# 修炼卓越领导术

# 练好调查研究基本功

党的十八大以来，习近平总书记反复强调，“调查研究是谋事之基、成事之道，没有调查就没有发言权，没有调查就没有决策权”[①]。“调查研究是我们党的传家宝，是做好各项工作的基本功。要在全党大兴调查研究之风。”[②]中央“八项规定”，第一条就是“要改进调查研究”。调查研究作为一种揭示真相、探求规律、推动工作的过程、手段和方法，历来受到人们的重视。历史上，孔子的“入太庙，每事问”(《论语·八佾篇第三》)、墨子“一目之视也，不若二目之视也；一耳之听也，不若二耳之听也”(《墨子·尚同下》)、王安石“农夫女工无所不问”(《答曾子固书》)、王夫之“察之精而尽其变”(《张子正蒙注·神化篇》)等思想，都是古代思想家、政治家重视调查研究的体现。

① 习近平:《在党的十九届一中全会上的讲话（2017年10月25日）》,《求是》2018年第1期。

②《中共中央政治局召开民主生活会，以认真学习贯彻习近平新时代中国特色社会主义思想，坚定维护以习近平同志为核心的党中央权威和集中统一领导 全面贯彻落实党的十九大各项决策部署情况为主题进行对照检查》,《人民日报》2017年12月27日。

## 一、调查研究是马克思主义形成、发展的实践基础和根本路径

“研究必须充分地占有材料，分析它的各种发展形式，探寻这些形式的内在联系。只有这项工作完成以后，现实的运动才能适当地叙述出来。”[①] 这是马克思、恩格斯从事革命事业和理论研究一以贯之的工作方法。马克思、恩格斯为了适应无产阶级革命斗争的需要，亲自深入群众，了解实际，掌握了大量的第一手资料，为他们的理论研究奠定了基础，从而使他们的理论成为工人阶级斗争的武器。为写作《资本论》，马克思研究过 1500 多部书籍和档案文件，并深入到工厂、农村进行考察，对资本主义国家的经济状况进行广泛的调查研究。《资本论》的问世，成为调查研究史上的一座丰碑。恩格斯为了写作《英国工人阶级状况》，“放弃了资产阶级的社交活动和宴会、波尔图酒和香槟酒，把自己的空闲时间几乎都用来和普通工人交往”[②]，深入实地开展调查研究。后来列宁称“这部著作是对资本主义和资产阶级的极严厉的控诉。它给人的印象是很深的，从此到处都有人援引恩格斯的这部著作，认为它是对现代无产阶级状况的最好的描述”[③]。列宁在领导俄国革命的实践中，进行了大量的调查研究，促进了马克思主义与俄国革命实际相结合，创立了列宁主义，与马克思主义一起合称为马克思列宁主义，并以此为指导，建立了人类历史上第一个社会主义国家，使“社会主义从理论变为现实，打破了资

① 《马克思恩格斯选集》第 1 卷，人民出版社 2012 年版，第 93 页。
② 《马克思恩格斯选集》第 1 卷，人民出版社 2012 年版，第 81 页。
③ 《列宁全集》第 2 卷，人民出版社 2013 年版，第 7 页。

本主义一统天下的世界格局”①。

## 二、重视调查研究是党的优良传统

调查研究是做好一切工作的基础，是打开认识世界之门的“金钥匙”、揽下改造世界“瓷器活”的“金刚钻”，也是我们党在长期革命、建设和改革开放实践中形成的优良传统。著名教育家陶行知先生早就说过：“发明千千万，起点是一问。禽兽不如人，过在不会问。智者问得巧，愚者问得笨。人力胜天工，只在每事问。”②“问”就是调查研究。陈云同志也说过：“领导机关制定政策，要用百分之九十以上的时间作调查研究工作，最后讨论作决定用不到百分之十的时间就够了。”③中国共产党是按照马克思列宁主义建党原则建立起来的工人阶级政党，是一个从诞生那天起就高度重视调查研究的党。一部中国共产党的历史，就是党在调查研究的基础上，把马克思主义基本原理同中国具体实际相结合，不断推进理论创新和实践创新的历史。从毛泽东思想到邓小平理论、“三个代表”重要思想、科学发展观，再到习近平新时代中国特色社会主义思想，都是我们党在调查研究的基础上，锲而不舍推进马克思主义中国化取得的重大思想理论成果，是马克思主义中国化进程中的重要里程碑。毛泽东同志是党内大兴调查研究之风的开创者和开拓者。中央苏区创建时期，在毛泽东同志

---

① 习近平：《在纪念马克思诞辰200周年大会上的讲话（2018年5月4日）》，《人民日报》2018年5月5日。

② 陶行知：《每事问》，《现代新诗一百首》，钱光培编注，北京出版社1983年版，第75页。

③ 《陈云文选》第3卷，人民出版社1995年版，第189页。

的带领下，我们党就形了深入群众调查研究的好风尚。1933 年，毛泽东同志著名的《长冈乡调查》[①]，就是他到兴国长冈乡调查农村问题的结晶，堪称调查研究报告的典范。可以说，在无产阶级革命领袖中，毛泽东同志的调查研究工作做得最多、最深入；在马克思主义经典作家中，毛泽东同志专门论述调查研究的著作也最多。他的“没有调查，就没有发言权”[②]“调查就像‘十月怀胎’，解决问题就像‘一朝分娩’”[③]“不调查不研究就不得了，就要亡国亡党亡头”[④]“一万年还是要进行调查研究工作”[⑤]等著名论断，早已融入共产党人的血液中，成为我们党制定大政方针、推动决策落实的制胜法宝。1961 年 3 月，他在广州中央工作会议上透露，新中国成立后这十一年他做过两次调查，“一次是为合作化的问题，看过一百几十篇材料”，“还有一次是关于十大关系问题，用一个半月时间同三十四个部门的负责人讨论，每天一个部门或两天一个部门，听他们的报告，跟他们讨论，然后得出十大关系的结论”[⑥]，这个“结论”就是著名的《论十大关系》。党的十八大以来，以习近平同志为核心的党中央进一步把我们党重视调查研究的优良传统发扬光大，不仅有许多重要论述，而且身体力行，带头调查研究。早在兼任中央党校校长期间，习近平总书记就说过：“重视调查研究，是我们党在革命、建设、改革各个历史时期做好领导工作的重要传家宝。调查研究不仅是一种工作方

① 《毛泽东文集》第 1 卷，人民出版社 1993 年版，第 276—320 页。
② 《毛泽东选集》第 2 卷，人民出版社 1991 年版，第 109 页。
③ 《毛泽东选集》第 1 卷，人民出版社 1991 年版，第 110 页。
④ 杨明伟:《毛泽东与调查研究》,《学习时报》2018 年 2 月 26 日。
⑤ 《毛泽东文集》第 8 卷，人民出版社 1999 年版，第 262 页。
⑥ 《毛泽东文集》第 8 卷，人民出版社 1999 年版，第 261 页。

法，而且是关系党和人民事业得失成败的大问题。”[1]在这里，习近平总书记把调查研究提高到了“是关系党和人民事业得失成败的大问题”的战略高度。作为马克思主义中国化的最新成果，党的十九大提出的习近平新时代中国特色社会主义思想和十九大作出的“中国特色社会主义进入了新时代”“我国社会主要矛盾已经转化为人民日益增长的美好生活需要和不平衡不充分的发展之间的矛盾”等重大政治论断，都是在调查研究的基础上形成的。历史和现实的经验表明，中国共产党在不断地调查研究中茁壮成长，马克思主义中国化在不断地调查研究中深入推进，党领导的中国特色社会主义事业在不断地调查研究中从胜利走向胜利；离开调查研究，就不可能有当代中国的马克思主义，更不可能有党领导的革命、建设、改革事业的伟大胜利和中华民族从站起来、富起来到强起来的伟大飞跃。

## 三、调查研究是领导者的基本功

领导工作，说到底是一个“决策—落实”的过程；领导者的职责，概括地说，就是作决策与抓落实。作决策需要调查研究，抓落实同样也需要调查研究。因此，调查研究是领导干部必须掌握的基本功。

*搞好调查研究，必须坚持实事求是原则。*调查研究的目的是揭示事物的真相及其内在的规律和联系，客观、真实是调查研究的生命。列宁指出：“马克思主义是以事实，而不是以可能性为依

① 习近平：《谈谈调查研究》，《学习时报》2011年11月21日。

据的。马克思主义者只能以经过严格证明和确凿证明的事实作为自己的政策的前提”[①]；“马克思主义者可能犯的最大的最致命的错误就是……把虚假的表面现象当作实质或某种重要的东西。”[②]习近平总书记强调：“调查研究必须坚持实事求是的原则，树立求真务实的作风，具有追求真理、修正错误的勇气。”[③]实事求是是党的思想路线的实质和核心。实事求是的“求”就是调查研究。调查研究必须坚持从客观实际出发，正如毛泽东同志所说，“要从国内外、省内外、县内外、区内外的实际情况出发，从其中引出其固有的而不是臆造的规律性，即找出周围事变的内部联系，作为我们行动的向导。而要这样做，就须不凭主观想象，不凭一时的热情，不凭死的书本，而凭客观存在的事实，详细地占有材料，在马克思列宁主义一般原理的指导下，从这些材料中引出正确的结论”[④]，对调查了解到的实际情况和问题，要实事求是，一是一、二是二，既报喜又报忧，不唯书、不唯上、只唯实，使调查研究的结论产生于深入细致的调查研究之后，建立在科学论证的基础上。绝对不能倒插笔画、预设结论，不能带着观点下基层、带着框子搞调研。只有这样，才能摸到实情，获得真知，求得正解。

*搞好调查研究，必须要有群众观点。*毛泽东同志是调查研究的高手，他在《〈农村调查〉的序和跋》中说，做调查研究“第一是眼睛向下，不要只是昂首望天。没有眼睛向下的兴趣和决

---

① 《列宁全集》第 47 卷，人民出版社 1990 年版，第 477 页。

② 《列宁全集》第 32 卷，人民出版社 1985 年版，第 45 页。

③ 习近平：《谈谈调查研究》，《学习时报》2011 年 11 月 21 日。

④ 《毛泽东选集》第 3 卷，人民出版社 1991 年版，第 801 页。

心，是一辈子也不会真正懂得中国的事情的”[①]。习近平总书记也说过，“搞好调查研究，一定要从群众中来、到群众中去，广泛听取群众意见”[②]，并强调“当县委书记一定要跑遍所有的村，当市委书记一定要跑遍所有的乡镇，当省委书记一定要跑遍所有的县市区”[③]。这里的“跑”，不是闲庭信步、观花赏景，而是带着思想上的困惑、工作中的问题和群众的所想、所急、所盼去调查研究、求策问计。群众观点是马克思主义的一个基本观点，群众路线是党的生命线和根本工作路线。党的群众路线的核心是“一切为了群众，一切依靠群众，从群众中来，到群众中去”。调查研究的目的是为了解决问题，说到底就是“一切为了群众”；调查研究的过程，概括起来就是“从群众中来，到群众中去”，亦即毛泽东同志所说的“到群众中间去，向群众学习，把他们的经验综合起来，成为更好的有条理的道理和办法，然后再告诉群众（宣传），并号召群众实行起来，解决群众的问题，使群众得到解放和幸福”[④]。“从群众中来”就是“将群众的意见（分散的无系统的意见）集中起来”[⑤]；“到群众中去”就是将收集起来的各种意见、建议“经过研究，化为系统的意见”[⑥]，制定出符合群众利益的路线、方针和政策，再回到群众中去，即把党的路线、方针、政策交给群众，使之化为群众的行动，“并在群众行动中考

---

① 《毛泽东选集》第3卷，人民出版社1991年版，第789—790页。

② 习近平：《谈谈调查研究》，《学习时报》2011年11月21日。

③ 习近平：《做焦裕禄式的县委书记》，中央文献出版社2015年版，第7页。

④ 《毛泽东选集》第3卷，人民出版社1991年版，第933页。

⑤ 《毛泽东选集》第3卷，人民出版社1991年版，第899页。

⑥ 《毛泽东选集》第3卷，人民出版社1991年版，第899页。

验这些意见是否正确”[①]。问题产生在基层，解决问题的智慧和办法也在基层。只有基层群众最了解实情、最知道应该怎么办。正如毛泽东同志所说：“凡是忧愁没有办法的时候，就去调查研究，一经调查研究，办法就出来了，问题就解决了。”[②]领导干部进行调查研究，必须放下架子，“身入”更要“心至”，绝对不能用“键对键”代替“面对面”，不能用“走马观花”代替“下马看花”。既要“入乡”，又要“随俗”。“入乡”就是要沉下去、深进去。“涉浅水者见虾，其颇深者察鱼鳖，其尤甚者观蛟龙。”(王充：《论衡·别通第三十八》)唯有深入，才能得出富有真知灼见的调查结论。“随俗”就是要善于从民谚民谣和俚言俗语中了解情况，发现问题，收集民意。因为韩非子早就说过：“古无虚谚。”(《韩非子·奸劫弑臣第十四》)这就要求调查者必须要沉到基层，到群众中间去，同他们一起研究、一起讨论，既要听顺耳的话，也要听逆耳的言，努力把事物的真相和全貌搞清楚，把问题的本质和规律搞明白，把解决问题的思路和办法搞对头。

搞好调查研究，必须掌握科学的方法。毛泽东同志曾经指出：“我们的口号是：一，不做调查没有发言权。二，不做正确的调查同样没有发言权。”[③]实践证明，正确的调查离不开科学的方法，调查研究只有建立在科学的方法基础上，才能得出正确的结论。调查研究是一门科学，领导干部进行调查研究，必须掌握调查研究的一般规律，既要继承老办法、好传统，善于运用我们党在长期实践中积累的有效方法；又要会用新办法、新手段，主动

① 《毛泽东选集》第 3 卷，人民出版社 1991 年版，第 899 页。
② 《毛泽东文集》第 8 卷，人民出版社 1999 年版，第 261 页。
③ 《毛泽东文集》第 1 卷，人民出版社 1993 年版，第 267—268 页。

适应新时代特别是当今社会信息网络化的特点，进一步拓展调研渠道、丰富调研手段、创新调研方式，学习、掌握和运用现代科学技术的调研方法，如问卷调查、统计调查、抽样调查、专家调查、网络调查等，并逐步把现代信息技术引入调研领域，提高调查研究的效率和科学性。

搞好调查研究，必须既调查又研究。调查研究重在“身入”，贵在“心至”；“身入”就是调查，“心至”就是研究，正如习近平总书记所说：“要重调查，更要重分析研究。”[①] 调查是一个摸透情况的过程，是研究的前提和基础；研究则是一个分析归纳、对调查材料进行深度“发酵”的过程，是调查的升华和深化。领导干部进行调查研究，既要有走基层的脚力、看问题的眼力，更要有综合分析、提炼归纳、洞察事物本质的脑力。光有脚力和眼力，只调查不研究，调查就失去了意义；只研究不调查，单靠脑袋瓜子苦思冥想，非但不能洞察事物的本质和规律，而且会误入歧途、贻误事业。英国哲学家培根说过：“我发现我最适于做的事莫过于对真理的研究；……因为我有这样的天赋本性：要求探索，耐心怀疑，乐于深思，缓于断定，敏于反复考察，慎于处理和安排材料。”(培根：《人类本性解说》绪言)[②] 而“要求探索，耐心怀疑，乐于深思，缓于断定，敏于反复考察，慎于处理和安排材料”正是调查研究所必需的。事实上，调查与研究虽然在时序上有先后，但在更多的情况下，往往是调查之中有研究，研究之中有调查，必须把调查与研究有机地结合起来，在深入调查的基

① 习近平：《干在实处　走在前列》，中共中央党校出版社2006年版，第556页。

② 引自〔英〕F. 达尔文：《达尔文生平》，叶笃庄、叶晓译，科学出版社 1983 年版，第 2 页。

础上进行系统、周密的研究，在缜密研究的过程中进一步发现问题、深化调查，如此反复，不断把零散的、感性的、粗浅的认识系统化、理论化、深刻化，从而抓住事物的本质，找出内在的联系，得出正确的结论。

## 批评和自我批评的理路与艺术

纵观中国共产党成立 90 多年的光辉历程，不难发现，始终有一条主线贯穿党思想政治建设的全过程，这就是批评和自我批评。党的十八届六中全会审议通过的《关于新形势下党内政治生活的若干准则》指出："批评和自我批评是我们党强身治病、保持肌体健康的锐利武器，也是加强和规范党内政治生活的重要手段。必须坚持不懈把批评和自我批评这个武器用好。"这是我们党深刻总结建党九十多年来党内政治生活正反两方面经验得出的科学结论。批评和自我批评是马克思主义政党保持肌体健康，保持先进性和纯洁性，保持创造力和战斗力的锐利武器，是加强和规范党内政治生活的重要手段，也是坚定不移推进全面从严治党、维护党团结统一的重要抓手，必须经常性地把这一武器亮出来、用起来，使之越用越好用、越用越管用、越用越灵验，真正让开展严肃、认真的批评和自我批评在党内政治生活中常态化，成为共产党人加强党性修养和政治历练的必修课、常修课。

## 一、开展严肃、认真的批评和自我批评，是维护党团结统一的重要法宝

不敢真批评，难有真团结；真正的团结需要真诚的批评和自我批评。早在 1847 年 12 月，恩格斯在《路易·勃朗在第戎宴会上的演说》一文中就说过："团结并不排斥相互间的批评，没有这种批评就不可能达到团结。没有批评就不能互相了解，因而也就谈不到团结。"[①]1891 年 2 月 23 日，他在致卡尔·考茨基的信中，谈到对马克思《哥达纲领批判》的意见时说："这种无情的自我批评引起了敌人极大的惊愕，并使他们产生这样一种感觉：一个能够这样做的党该具有多么大的内在力量啊！"[②]这是马克思主义经典作家关于批评和自我批评的最早论述。斯大林十分重视开展党内批评和自我批评。他说，开展批评和自我批评不仅能使党更加团结统一，而且可以"培养出党的真正干部和真正领导者"；"要无产阶级政党进行自我批评，要无产阶级政党根据本身的错误来学习和接受教育，因为只有这样，才能培养出党的真正干部和真正领导者"[③]。1929 年 12 月，毛泽东同志起草的《中国共产党红军第四军第九次代表大会决议案》指出："党内批评是坚强党的组织、增加党的战斗力的武器。"[④]党的七大审议通过的《中国共产党章程》强调："中国共产党应该用批评和自我批评的方法，经常检讨自己工作中的错误与缺点，来教育自己的党员和干部，并及

① 《马克思恩格斯全集》第 4 卷，人民出版社 1958 年版，第 423 页。
② 《马克思恩格斯全集》第 4 卷，人民出版社 1958 年版，第 614 页。
③ 《斯大林选集》上卷，人民出版社 1979 年版，第 194 页。
④ 《毛泽东文集》第 1 卷，人民出版社 1993 年版，第 84 页。

时纠正自己的错误。”这是第一次将“批评和自我批评”写入党章。1955年3月，毛泽东同志在中国共产党全国代表会议上进一步指出：“定期召开会议，进行批评和自我批评，这是一种同志间互相监督，促使党和国家事业迅速进步的好办法。”[①] 习近平总书记在党的群众路线教育实践活动总结大会上特别强调：“批评和自我批评是解决党内矛盾的有力武器，也是保持党的肌体健康的有力武器。‘观于明镜，则瑕疵不滞于躯；听于直言，则过行不累乎身。’党内政治生活质量在相当程度上取决于这个武器用得怎么样。对批评和自我批评这个武器，我们要大胆使用、经常使用、用够用好，使之成为一种习惯、一种自觉、一种责任，使这个武器越用越灵、越用越有效果。”[②] 长期以来，我们党在革命、建设和改革开放实践中，探索形成了一整套强大的自我修复机制，其中批评和自我批评就是一项最重要的自我修复机制，通过开展严肃、认真的批评和自我批评，坚持真理、修正错误，统一思想、凝聚力量，不断实现自我净化、自我完善、自我革新、自我提高，从而使党永远立于不败之地、永远保持蓬勃朝气、永远保持创新创造活力。从某种意义上说，开展批评和自我批评能力，是马克思主义政党进行自我净化、自我完善、自我革新、自我提高的核心能力。对此，习近平总书记深刻指出：“我们党能够依靠自身力量解决自身问题，靠的就是批评和自我批评。”[③]

---

① 《毛泽东文集》第6卷，人民出版社1999年版，第406页。

② 中共中央文献研究室：《习近平总书记重要讲话文章选编》，中央文献出版社、党建读物出版社2016年版，第174页。

③ 中共中央文献研究室：《习近平总书记重要讲话文章选编》，中央文献出版社、党建读物出版社2016年版，第85页。

纵观党的历史，我们党和党领导的事业，就是在不断地开展严肃、认真的批评和自我批评中发展壮大的。诚如邓小平同志所说:“批评与自我批评是一切工作的动力，没有它就无法改进工作。”[①]1935年1月召开的遵义会议，通过严肃的批评和自我批评，纠正了王明“左”倾教条主义错误，在生死存亡的危急关头，确立了毛泽东同志在红军和党中央的领导地位，成为中共历史上一个生死攸关的转折点，使中国共产党从幼稚由此走向成熟；1978年12月召开的党的十一届三中全会，通过严肃的批评和自我批评，我们党恢复并重新确立了解放思想、实事求是的思想路线，实现了建国以来党的历史的伟大转折，开启了改革开放的历史新征程。这两次最具里程碑意义的重要会议，称得上是中国共产党人开展批评和自我批评的光辉典范。实践证明，越是任务艰巨、形势复杂，越是在爬坡过坎的攻坚期、闯关夺隘的决战期，就越需要开展严肃、认真的批评和自我批评。批评和自我批评既是一种思想交锋、观点碰撞，也是一种情感交流、力量凝聚，是一个在交锋中统一思想，在碰撞中取得共识，在交流中增进团结、增进感情的过程。

## 二、开展严肃、认真的批评和自我批评，是共产党人的政治担当

邓小平同志指出:“党的领导能否巩固和加强，决定于党的本身，决定于领导是否正确，能否切实改正工作中的缺点和错

---

① 《邓小平文集（1949—1974年）》中卷，人民出版社2014年版，第168页。

误。”[①]而要“改正工作中的缺点和错误”，就必须勇于开展批评和自我批评。开展严肃、认真的批评和自我批评，是我们党在长期实践中积累、形成并一贯坚持的优良传统，是区别于其他政党的显著标志，也是共产党人鲜明的政治特质和豪迈的政治担当。列宁指出：“一个政党对自己的错误所抱的态度，就是衡量这个党是否郑重，是否真正履行它对本阶级和劳动群众所负义务的一个最重要最可靠的尺度。”[②]他认为，过去所有灭亡了的革命政党之所以灭亡，就是因为他们骄傲自大，怕说出自己的弱点，没有勇气“公开承认错误，揭露错误的原因，分析产生错误的环境，仔细讨论改正错误的方法”[③]，“而我们是不会灭亡的，因为我们不怕说出自己的弱点，并且能够学会克服弱点”[④]。斯大林也说过：“必须使党不掩饰自己的错误，使它不怕批评，使它善于用自己的错误来提高和教育自己的干部。”[⑤]1957 年 3 月，邓小平同志在山西省直机关、太原市机关干部、厂矿企业负责人大会上深刻指出：“缺点任何时候都有。我们要善于发现缺点，纠正缺点，才能够前进。有一种干部，总觉得他那里没有缺点。这样的干部可以说他是一个官僚主义者，至少官僚主义还相当严重。满脑袋只有成绩，一定要犯大错误。”[⑥]中国共产党是光明磊落的马克思主义政党，代表最广大人民的根本利益，除此之外，从来没有自己的任何特殊私利。无私者最无畏，无私者最坦荡，无私者最能行稳致

---

① 《邓小平文集（1949—1974 年）》中卷，人民出版社 2014 年版，第 351 页。
② 《列宁选集》第 4 卷，人民出版社 1972 年版，第 213 页。
③ 《列宁选集》第 4 卷，人民出版社 1972 年版，第 213 页。
④ 《列宁全集》第 43 卷，人民出版社 1987 年版，第 115 页。
⑤ 《斯大林选集》上卷，人民出版社 1979 年版，第 312—313 页。
⑥ 《邓小平文集（1949—1974 年）》中卷，人民出版社 2014 年版，第 302 页。

远、赢得人心。因此，我们党从成立那天起，就从不隐瞒自己的观点，从不掩盖自己的缺点和错误，从不惧怕、不拒绝来自任何方面的批评和监督。相反，为了国家、民族和人民的利益，随时准备坚持真理、随时准备修正错误。

“难得是诤友，当面敢批评。”健康、正常的党内政治生活，必须建立在严肃、认真的批评和自我批评的基础上；也只有建立在批评和自我批评基础上的党内政治生活，才具有真正意义上的政治性时代性原则性和战斗性。斯大林指出：“党的队伍里有一些人不喜欢批评，尤其不喜欢自我批评。这些人，我想可以把他们叫做‘涂了漆’的共产党员。”[①] 邓小平同志则指出：“有人批评我们一下有好处，经常讲一点缺点，头脑清醒一点。”[②] 善意的批评使人进步，认真的反省促人提高。无数事实表明，一个经不住批评、不接受批评、内心深处惧怕批评的干部，一个“涂了漆”的共产党员，不可能成长为党和人民需要的好干部；一个团结的、有战斗力的领导班子，班子成员之间应该成为政治上志同道合的同志、思想上肝胆相照的知己、工作上密切配合的同事、生活上相互关心的挚友。为了党的事业，为了人民的福祉，为了共同的理想、共同的信仰、共同的信念，大家走到一起，合作共事，理应相互提醒、相互帮助，一旦发现彼此这样那样的问题，就要敢于严肃、认真地指出来，敢于板着脸批评教育，敢于瞪着眼督促改正，从而牵着手共同进步。如果连开展批评的勇气都没有、连句批评的话都不敢说，这样的领导班子，只能算是个松松垮垮的

① 《斯大林选集》下卷，人民出版社 1979 年版，第 7 页。

② 《邓小平文集（1949—1974 年）》中卷，人民出版社 2014 年版，第 324 页。

“凑班子”；领导班子的团结，只能是一团和气掩盖下的“假团结”。在这种政治生态下，党内政治生活就不可能真正开展起来，其应有的政治性、时代性、原则性、战斗性更无从谈起。

习近平总书记指出：“自我批评难，相互批评更难。难就难在为人情所困、为利益所惑，怕结怨树敌、怕引火烧身，说到底还是私心杂念作怪，缺乏党性和担当。”①开展好批评和自我批评，贵在一个“真”字。真，既是认真、较真、求真，更是真心、真诚、真情，体现的是共产党人坚强的党性、忠诚的品格、担当的勇气和无私的情怀。

## 三、开展严肃、认真的批评和自我批评，必须把握正确的原则、策略和方法

英国哲学家培根说：“讲话绕弯子太多令人厌烦，但过于直截了当又会显得唐突。只有能掌握此中分寸的人，才算精通了谈话的艺术。”② 对此，周恩来同志特别强调，即使是党的领袖犯了错误，只要没有发展到路线错误，提意见时，也要考虑到方式，考虑到效果，要注意党的团结③。邓小平同志也说过：“为什么我们党能有群众的信任呢？首先是由于我们党革命斗争的纲领、方针、策略和工作方法的正确。”④ 政策和策略是党的生命。开展批

---

① 习近平：《在第十八届中央纪律检查委员会第六次全体会议上的讲话》，《人民日报》2016 年 5 月 3 日。

② 〔英〕弗朗西斯·培根：《人生论·论逆境》，何新译，中国友谊出版公司 2003 年版，第 174 页。

③ 金冲及：《向开国领袖学习工作方法》，生活·读书·新知三联书店 2016 年版，第 48 页。

④ 《邓小平文集（1949—1974 年）》上卷，人民出版社 2014 年版，第 258 页。

评和自我批评，同样需要把握正确的原则、策略和方法；离开正确的策略和方法，严肃、认真的批评和自我批评就不可能开展起来，即使能够勉强开展，其质量和效果也会大打折扣。对此，列宁特别强调："每一个党的工作人员在工作上都有缺点，但是在批评缺点或向党的各个中央机构分析这些缺点时，应当慎重、合乎分寸，否则就成为搬弄是非。"[①] 毛泽东、邓小平等老一辈革命家也都十分重视批评和自我批评的策略、原则、艺术和方法。毛泽东同志指出："在批评和斗争的时候，应当……采取正确的方式和方法，避免粗暴行动。"[②] 邓小平同志指出："批评的方法要讲究，分寸要把握。"[③] 习近平总书记也说过："批评要实事求是、分清是非、辨别真假，切忌从个人恩怨、得失、利害、亲疏出发看事待人。"[④] 这里，强调的都是策略和方式方法问题。批评和自我批评是一种行为艺术，既要坚持党性、坚持原则，又要把握策略和方法上的灵活性。策略得当、方法对头，犹如阳光雨露，浸润心田、净化灵魂，犹如良药治病，药到病除、一身轻松；方法不当，则往往事与愿违，非但不能统一思想、形成共识，不能纠正错误、解决问题，而且容易加深或形成新的矛盾和隔阂，影响党的团结、统一。

*要实事求是。*《关于新形势下党内政治生活的若干准则》强调指出："批评和自我批评必须坚持实事求是，讲党性不讲私情、

---

① 《列宁全集》第 45 卷，人民出版社 1990 年版，第 78 页

② 《毛泽东选集》第 4 卷，人民出版社 1991 年版，第 1272 页。

③ 《邓小平文选》第 2 卷，人民出版社 1994 年版，第 390 页。

④ 中共中央文献研究室：《习近平总书记重要讲话文章选编》，中央文献出版社、党建读物出版社 2016 年版，第 87 页。

讲真理不讲面子。”这一重要论述，为开展严肃、认真的批评和自我批评指明了方向，提供了科学的思想方法。陈云同志早就说过，“我们要求犯错误的人论事不论脸”，“愈怕丢脸，一定会丢脸。不怕丢脸，反倒可能不丢脸”[①]。毛泽东同志则强调：“批评要尖锐。……你不那样尖锐，不切实刺一下，他就不痛，他就不注意。”[②]这里，“论事不论脸”“批评要尖锐”“切实刺一下”，说到底就是要坚持实事求是；有缺点、有错误，就实事求是地指出来，在思想交锋中展现党性的光芒、彰显真理的力量。如果讲私情、不讲党性，这样的批评和自我批评就失去了意义，最终只能异化为圆滑世故的“表扬与自我表扬”，你好我好大家好，毫无原则可言，毫无底线可守，长此以往，必将造成党内政治生活庸俗化、随意化；如果讲面子、不讲真理，批评和自我批评就会失去客观尺度，失去激浊扬清、针砭时弊、坚持真理、修正错误的作用与价值，给党内政治生态造成严重损害。实事求是地开展批评和自我批评，必须从团结的愿望出发，从党和国家事业发展的全局出发，经过思想上的激烈交锋和斗争，使错误得到纠正、问题得到解决、思想得到统一，从而在新的起点上实现新的团结、新的统一；必须坚持党性、人性与血性的辩证统一。以政治立场的坚定体现党性，以与人为善的态度体现人性，以敢于斗争的勇气体现血性。

要坚持原则性与灵活性的统一。开展批评和自我批评，不是人为制造矛盾，而是为了解决党内存在的一些突出问题；不是制

① 《陈云文选》第1卷，人民出版社1995年版，第346、268页。
② 《毛泽东文集》第6卷，人民出版社1999年版，第406页。

造分裂，而是为了更好地维护党的团结统一；不是“治人”，而是为了“惩前毖后、治病救人”。也就是说，批评和自我批评是手段而不是目的，它的目的是帮助党内同志统一思想、端正态度，克服缺点、改正错误，从而实现真正意义上的团结。早在1929年12月，毛泽东同志就说过：“党内批评是坚强党的组织、增加党的战斗力的武器。”①1962年1月，他在扩大的中央工作会议上进一步指出：“批评和自我批评是一种方法，是解决人民内部矛盾的方法，而且是唯一的方法。”②因此，开展批评和自我批评，既要严肃、认真，努力追求一种掏心见胆的境界，以真诚的愿望、坦诚的态度，通过批评和自我批评达到真正意义上的团结，而不是表面一团和气、实则相互较劲、相互设防的假团结；又要有度、得法，努力做到“空话假话客套话，一句不说；真话实话心里话，不贸然说”，尽量使良药不苦口、忠言不逆耳。这就要求广大党员、干部开展批评和自我批评时要看准对象，因人而异，能直说的就直说，不能直说的就采取比较委婉的批评方式；要看准时机，把握火候。对一些比较尖锐的批评意见，应该在沟通思想后提出来，便于被批评者接受，防止火上浇油，激化矛盾。要看准问题，注意场合。对原则性的问题一定要在正式场合郑重地提出来，严肃、认真地进行批评，而对于一些非原则性的小细节、小问题，则可以通过个别谈话、谈心等形式指出来。一言以蔽之，批评要有“辣味”但不能“变味”，“出出汗”但不能借机出出气，“红红脸”但不能闹翻脸。只有心存善意、实事求

① 《毛泽东选集》第1卷，人民出版社1991年版，第90页。
② 《毛泽东文集》第8卷，人民出版社1999年版，第293页。

是、恰如其分而又不失严肃、认真地指出他人的缺点和不足，才能真正帮助同志、增进感情，促进党的团结统一。真团结离不开真批评，如果只是表面上的“和气”与“亲热”，不能在思想深处引起共鸣、形成共识，也就不会有真正的团结。坦坦荡荡真剖析，无私无畏听意见，各级领导干部要敢于交锋、敢于批评，以真批评求得真团结，以真团结汇聚真知灼见、谋得大智大慧、求得“无偏无党，王道荡荡”的生动局面。

要领导带头。陈云同志说过：“共产党是做事业的党，共产党员是做事业的人，做事就不可能没有错误。无论何人，哪怕他再高明，哪怕他很有本领，但还是有犯错误的可能。”既然有错误，就不要怕批评，这是共产党人应有的态度。“良药苦口，惟疾者能甘之；忠言逆耳，惟达者能受之。”（晋·陈寿：《三国志·吴书·吴主五子传》）各级领导干部必须要以对党和人民绝对忠诚的赤子之心，勇于自责、勇于自省，勇于揭触及灵魂之疤、亮思想深处之丑，敢于把批评和自我批评的利器亮出来，以批评和自我批评的高质量，保证党内政治生活的政治性时代性原则性和战斗性。召开民主生活会，是党内政治生活的重要制度和内容，也是开展批评和自我批评的重要载体和平台。“一把手”要率先垂范，带头从谏如流、直言坦陈，敢于说向我看齐、对我开炮，当好“第一发言人”，打好批评和自我批评的“第一枪”，以自己说真话、吐真言和“论事不论脸”的模范行动，影响和带动党员、干部敞开心窝子、打开话匣子，知无不言、言无不尽。相互批评，要拿出共产党人的坦诚、勇气和担当，开门见山、直截了当，不遮不掩、一针见血；对待别人的批评，要以共产党人应有的真诚、心胸和度量，闻过则喜、虚心接纳，不仅要“知其不善，则速改以从善”（朱熹：《论语集注》），而且要心存感激、一日三省，有则改之、无则加勉，决不能用批评抵制批评，用无原则的纷争代替思想上的交锋，更不能借思想上的交锋搞无情打击、残酷斗争。要树立正确用人导向，把能否开展严肃、认真的批评和自我批评作为检验党员、干部的思想纯洁度、政治成熟度和对党忠诚度的一把标尺，并列为“德”的考核内容和选拔、任用干部的重要依据，推动形成又有集中又有民主、又有纪律又有自由、又有统一意志又有个人心情舒畅生动活泼的政治局面，努力营造敢于斗争、敢于交锋、敢于坚持真理、勇于修正错误的良好政治生态和政治风尚。

## 用好反面典型的正效应

毛泽东同志说过：“典型本身就是一种政治力量。”① 善于抓典型、用典型是我们党的优良传统，也是一门重要的领导艺术和有效的工作方法。领导干部作为党的路线方针政策的执行者、实践者，中国特色社会主义事业的领导者、组织者，一项很重要的职责就是要善于发现典型、宣传典型，运用正反两方面的典型来指导和推动全局工作。

从哲学意义上讲，事物的发展总是具有不平衡性，凡人都

---

① 人民日报评论员：《用好榜样的力量》，《人民日报》2013年8月9日。

有左、中、右，凡事都有好、中、差。“好”代表先进，是正面典型，就像一面旗帜，引领着时代前进的方向，给人以精神的鼓舞、榜样的感召和奋进的力量。“差”代表后进，是反面典型，犹如一把戒尺，时时敲打着人们的心灵，给人以警醒和深思，也具有不可低估的正效应。这种正效应，就是反面典型本身所具有的举一反三的警示作用、撼动人心的警醒作用、触及灵魂的震慑作用和让广大党员、干部受警醒、明底线、知敬畏，主动在思想上划出红线、在行为上明确界限，真正敬法畏纪、遵规守矩的规矩作用。

用好反面典型的正效应，一是要善于解剖。对反面典型进行研究、解剖，是抓好反面典型的一个重要环节。解剖典型是一项艰苦的创造性劳动。对于一个反面典型，需要深入进行调查研究，广泛挖掘素材；需要有较高的认识水平，对材料进行深入的分析、研究、归纳、概括、提炼、升华，从中探求带有普遍性和规律性的东西，以达到总结教训和教育警示、引以为戒的目的，同时也为建立防范机制和措施提供依据。二是要善于宣传。宣传反面典型与宣传正面的先进典型要有所区别。一个反面典型如果宣传不好、引导不力，非但收不到应有的社会效果，而且很容易产生负面影响。因此，对反面典型宣传什么、不宣传什么以及如何宣传等问题，都要认真研究，仔细推敲，精心筹划。要注重宣传反面典型形成的土壤和主客观条件，宣传其危害和由此带来的教训，使反面典型在更大范围内发挥教育和警示作用。三是要善于抓转化。抓反面典型，还有一个很重要的目的，就是激励、鞭策后进，使他们变压力为动力，负重奋进，迎头赶上。作为领导干部要善于帮助后进典型摆问题，查原因，找准症结，对症下药，同时还要多做一些说服教育和疏导激励的工作，帮助他们尽快走出阴影，加快转化，达到抓后进、促平衡的目的，从而推动整体工作上台阶、上水平。

## 督察是抓落实的重要手段

为政之要，重在落实、难在落实、成在落实。落实之法，贵在督察。以督察促落实，是一个重要的领导环节，也是一种重要的领导方法。通过督察，能够及时发现决策落实过程中的问题，纠正偏离决策目标的做法，打通关节、疏通堵点，从而加快落实的进度，保证落实的质量和效果。

督察，要突出一个“敢”字，不退缩，也就是要敢于督察。督察，在很大程度上就是挑毛病、找问题，从而消除工作落实过程中的“梗阻”环节。在这一过程中，必然会遇到一些这样那样的阻力和干扰，还会受到人情世故、个人利益、小团体利益的纠缠，必须“敢”字当头，敢于触及矛盾，敢于直面问题，敢于动真碰硬，敢于担当责任，始终坚持原则，坚持标准，在困难、问题、错综复杂的矛盾面前不退缩、不畏惧。

督察，要突出一个“全”字，不漏项，也就是要全面督察。既要督任务、督进度、督成效，也要察认识、察责任、察作风。要点面结合，多管齐下，不断拓展督察工作的广度和深度，提高发现问题、解决问题的能力和实效。要善于在督察中考察、识别敢担当、善作为、能成事的干部，并及时总结决策落实过程中的经验、教训，坚决纠正偏离决策目标的做法，确保决策定一条是一条，条条算数，工作干一件成一件，件件落实。

督察，要突出一个“善”字，巧用力，也就是要善于督察。需要督察的事项，往往都是工作上的难点、落实中的堵点、群众关注的焦点。抓好督察，不仅需要勇气和担当，更需要智慧、谋略和办法；不仅需要尽心、尽力，更需要借势、借力。要善于借领导之“威”、部门之“力”、舆论之“势”，努力形成以督察促落实的浓厚氛围和强大压力，用督察传递责任、传导压力、传送方法，从而推动工作落实。

督察，要突出一个“分”字，见成效，也就是要分类督察。督察工作通常都是围绕事关改革发展稳定的全局性问题来展开的，必须突出重点，抓住关键，分类排队，切不可事无巨细、平均用力。要坚持重点事项重点督察，紧急事项跟踪督察，急事要件专项督察，一般事项定期督察，确保件件有着落、事事有回音，确保每项工作都有部署、有落实、有结果、见成效。

# 村支书治村要有方

习近平总书记指出:“农村要发展，农民要致富，关键靠支部。”[①] 农村党支部是党在农村各种组织和各项工作的领导核心，党支部书记作为一个村里的“当家人”、乡村振兴的“领头羊”，权比蚁小，责比天大，当着最基层的“官”，干着最具体的事，操着千家万户的心，既要政治过硬，又要本领高强；既要懂农业、爱农村、爱农民，又要富民有术、治村有道、领导有方。

1. 要掌握调查研究的领导方法。习近平总书记指出，“调查研究是我们党的传家宝，是做好各项工作的基本功”[②],“正确的决策离不开调查研究，正确的贯彻落实同样也离不开调查研究”[③]。一个领导干部职务有高低、职责有大小，但从根本上说都要作决策、抓落实。要决策，就要先调研。只有在调查研究的基础上进行决策，才能切合实际，符合群众意愿，从而实现好、维护

① 习近平:《做焦裕禄式的县委书记》，中央文献出版社 2015 年版，第 20 页。

② 《中共中央政治局召开民主生活会，以认真学习贯彻习近平新时代中国特色社会主义思想　坚定维护以习近平同志为核心的党中央权威和集中统一领导　全面贯彻落实党的十九大各项决策部署情况为主题进行对照检查》,《人民日报》2017 年 12 月 27 日。

③ 习近平:《在党的十九届一中全会上的讲话（2017 年 10 月 25 日）》,《求是》2018 年第 1 期。

好、发展好人民群众的根本利益，最终得到人民群众的拥护和支持。相反，凭经验主义和想当然办事，就必然会出现失误，给党的事业造成损失。过去，我们有些同志作决策拍脑袋，定指标拍胸脯，出了问题拍屁股，这是十分危险的。当前，中国特色社会主义进入新时代，全面建成小康社会进入决胜阶段，实现中华民族伟大复兴的中国梦踏上“关键一程”。新时代面临许多新情况、新问题、新矛盾。作为新时代的农村党支部书记，必须继承和发扬遇事调查研究的优良传统，掌握并用好调查研究这个“传家宝”。

2. *要掌握群众路线的领导方法*。毛泽东同志指出：“凡属正确的领导，必须是从群众中来，到群众中去。”①“从群众中来，到群众中去”是党的群众路线的形象化概括。从群众中来，就是在党支部研究决定重大问题之前，要深入到群众中去，广泛听取群众的意见，同群众商量，请大家出主意想办法，然后把群众的智慧集中起来，通过支部党员大会研究讨论，做出相应的决定。到群众中去，就是使中央和上级党委的方针政策，以及在充分听取群众意见基础上党支部所做出的决定，回到群众中去，向群众做好宣传解释工作，使群众真正理解党的方针政策，理解党支部决定的意图，并变成群众的自觉行动。这“一来一去”的领导方法，体现了认识和实践、领导和群众辩证统一的关系，是马克思主义认识论在领导方法和工作方法上的具体运用，每个党支部书记都必须熟悉和掌握这一科学的方法。要正确地运用“从群众中来，到群众中去”的工作方法，很重要的一点，就是要有群众观点。

① 《毛泽东选集》第3卷，人民出版社1991年版，第899页。

邓小平同志曾经说过："天天看到群众，不等于就不脱离群众。"[①] 只有在思想上确立了群众观点，才能始终心里装着群众、干事依靠群众、发展为了群众、永不脱离群众，也才能在实际工作中真正坚持群众路线的领导方法，遇事同群众商量，难事向群众请教，干事有群众支持。

3. 要掌握发扬民主的领导方法。习近平总书记指出："团结就是力量。不团结，一个人本事再大，也办不成任何事情。"[②] 团结是做好一切工作的基础。没有支部一班人的团结，就不可能有支部全体党员的团结；没有党内的团结，全村群众的团结就没有主心骨。因此，农村党支部书记必须十分注意珍惜和维护支部一班人的团结，善于运用发扬民主的工作方法，团结支委一道工作。首先，要有良好的民主作风。在讨论决定问题时，要让大家充分发表意见，尤其要注意听取不同意见和反对意见，进行认真分析，善于决断而不武断、专断。其次，要认真坚持集体领导的原则。集体领导是党的民主集中制原则在领导工作中的具体体现。凡是涉及村里的重大问题，都必须由支委会集体讨论决定，按照民主集中制原则办事，不能搞个人或少数人说了算；凡是经党支部集体研究决定了的事情，就要按照分工抓好落实。最后，要关心爱护支委，支持支委独立负责地开展工作。支委在工作中遇到困难时，支部书记要主动关心，协助解决；支委工作出现失误时，支部书记要勇于承担必要的责任，并帮助本人实事求是地总结经验教训，而不能一味地批评、指责；支委间产生矛盾和摩擦

---

① 《邓小平文集（1949—1974 年）》中卷，人民出版社 2014 年版，第 305 页。
② 习近平：《做焦裕禄式的县委书记》，中央文献出版社 2015 年版，第 22 页。

时，支部书记要主动加强协调和沟通，及时做好疏导工作；对经验不足的新支委，支部书记要从多方面关心爱护，热情给予帮助指导，使其尽快成熟起来。

4. 要掌握典型示范的领导方法。习近平总书记指出：“善于抓典型，让典型引路和发挥示范作用，历来是我们党重要的工作方法。”[①] 一个典型就是一面旗帜，具有强大示范引领和辐射带动作用。所谓典型，就是具有代表性的单位、人物或事件；每个地区、每个单位、每个乡镇、每个村都有自己这方面或那方面的典型。具体到一个村来讲，某一户某个人某个方面做得很好，大伙都跟着学、跟着做，那么这一户、这个人在这个方面就是一个很好的典型。典型客观地存在于现实生活中，每个村都有自己这方面或那方面的典型，问题在于能不能及时发现、正确认识和及时总结推广。典型具有示范、引导和辐射带动作用。有了典型，群众就很容易明白应该做什么、怎样做，特别是对那些思想保守的人，拿出事实来，用典型说话，往往最有说服力。因此，作为农村党支部书记要善于培养、发现和利用典型，通过典型示范来指导、推动工作。

5. 要掌握突出重点的领导方法。习近平总书记指出：“在任何工作中，我们既要讲两点论，又要讲重点论，没有主次，不加区别，眉毛胡子一把抓，是做不好工作的。”[②] 突出重点，就是要善于抓主要矛盾和矛盾的主要方面，也就是“提衣提领子、牵牛牵鼻子”。农村工作千头万绪，作为农村党支部书记，不能事无巨

① 习近平：《之江新语》，浙江人民出版社 2007 年版，第 212 页。
② 《习近平谈治国理政》第 2 卷，外文出版社 2017 年版，第 23 页。

细，得分清主次，突出重点，特别要善于抓住牵动全局的关键环节、关键部位，集中力量进行重点突破。“重点”往往具有阶段性，一个时期有一个时期的重点工作、重点任务。一个阶段的任务完成了，就要不失时机地转入下一阶段的工作，从而使整个支部的工作一环紧扣一环，不断掀起新高潮，取得新进展。

6. 要掌握知人善任的领导方法。戏好要靠唱戏人，兴村就要先兴人。坚持以人为本，珍惜人才，知人善任是一种很重要的工作方法和领导艺术；古往今来，凡成大事者，无不重视用人之道。作为村党支部书记，要树立强烈的人才意识，注意发挥人才的作用。农村是一个广阔的天地，每个村都有不少“土专家”“土秀才”和有一技之长的能工巧匠，这些人有知识，脑子活，接受新事物快，要特别注意发挥他们的作用。同时，还要注意在引进和培养人才上下功夫。既要舍得花本钱招聘人才，又要善于从本村优秀青年中选拔那些热爱农村工作、政治上坚定、具有较高文化程度、有培养前途的好苗子，放到生产实践中进行锻炼培养，既压担子，又教法子，为他们健康成长创造良好的环境和条件。

7. 要掌握以身作则的领导方法。习近平总书记指出：“领导带头、层层示范，是做好各项工作的重要方法。”① 榜样是最好的说服，示范是最好的引领。群众看干部，不是看你说得怎么样，而是看你做得怎么样。你要带领群众发家致富，你自己首先必须学会致富，否则群众就信不过你。农村党支部书记是群众的带头人，要把言教与身教结合起来，以行动作无声的命令，以身

① 习近平：《做焦裕禄式的县委书记》，中央文献出版社 2015 年版，第 43 页。

教作执行的榜样，时时处处高标准、严要求，以自身的模范行动来感染人、影响人、带动人。只有在生产、工作、学习和一切社会活动中起表率示范作用，在各个方面都走在群众前头，领着群众干，做给群众看，才能赢得群众的信任和支持，取得真正的威信，真正做到说话有人听，办事有人跟，也只有这样，才能团结带领广大群众圆满完成各项工作任务，加快经济的发展。

## 坚持以上率下

坚持以上率下是我们党加强自身建设、推动工作落实的一条成功经验，也是我们党治国理政的鲜明特色。习近平总书记反复强调，“领导机关和领导干部带头非常重要”[①]，“领导带头、层层示范，是做好各项工作的重要方法”[②]。事业是干出来的，也是各级领导干部以上率下带出来的。党的十八大以来，以习近平同志为核心的党中央，从出台和严格执行中央“八项规定”，到高压惩治腐败、重拳整治“四风”、坚决反对特权；从深入践行党的群众路线、“三严三实”要求，到开展“两学一做”学习教育，都是自上而下层层推动的。

“以上率下”彰显着共产党人打铁必须自身硬的执着追求和

① 中共中央文献研究室:《习近平总书记重要讲话文章选编》，中央文献出版社、党建读物出版社 2016 年版，第 72—73 页。

② 习近平:《做焦裕禄式的县委书记》，中央文献出版社 2015 年版，第 43 页。

先之劳之的一贯作风，承载着古圣先贤“先天下之忧而忧，后天下之乐而乐”的博大情怀和治理智慧；古人“所令，非身弗行”“教者，效也，上为之，下效之”“君不约己，而禁人为非，是犹恶火之燃，添薪望其止焰”等主张，体现的都是“以上率下”的思想。榜样是最好的说服，示范是最好的引领。村看村，户看户；群众看党员，党员看干部。

“其身正，不令而行；其身不正，虽令不从。”（《论语·子路篇》）领导干部以身作则、率先垂范，大家就会跟着学、照着做。中央的标杆树起来之后，全党主动向中央看齐。中央以身作则，全党积极响应；中央率先垂范，全党奋发进取。正是有了这种自上而下、以上率下的可贵自觉，有力推动了全面从严治党步步深入，刹住了曾被认为难以刹住的歪风邪气，攻克了一些曾被认为难以克服的顽瘴痼疾，党风政风为之一新，党心民心为之一振，人民群众切身体验到了前所未有的获得感、幸福感、安全感，我们的党也在这场输不起的斗争中重固了初心使命、重构了体制机制、重塑了政治优势、重拾了世道人心，党的面貌、国家的面貌、军队的面貌、人民的面貌焕然一新。

# 坚持底线思维

底线思维是以底线为导向的一种思维方法。

坚持底线思维的核心是不回避矛盾，不掩盖问题，客观分析可能出现的各种情况，有针对性地制定方案。毛泽东同志早就说过："许多事情是意料不到的，但是一定要想到，尤其是我们的高级负责干部要有这种精神准备，准备对付非常的困难，对付非常的不利情况。"[①]他始终主张"要放在最坏的基础上来设想"[②]，"在最坏的可能性上建立我们的政策"[③]。邓小平同志也说过："我们要把工作的基点放在出现较大的风险上，准备好对策。这样，即使出现了大的风险，天也不会塌下来。"[④]"凡事预则立，不预则废。"只有凡事从最坏处准备，努力争取最好的结果，才能有备无患、遇事不慌，牢牢把握主动权。

党的十八大以来，以习近平同志为核心的党中央，反复强调"重点要防控那些可能迟滞或中断中华民族伟大复兴进程的全局

---

① 《毛泽东文集》第3卷，人民出版社1996年版，第392页。

② 陈晋:《从毛泽东的几件往事解读几种领导方法》,《理论视野》2010年第5期。

③ 中共中央文献研究室:《建党以来重要文献选编》第22册，中央文献出版社2011年版，第500页。

④ 《邓小平文选》第3卷，人民出版社1993年版，第267页。

性风险”[①]，始终坚持运用底线思维的方法治党治国治军。经济上要求守住不发生系统性和区域性金融风险的底线；发展上要求守住社会稳定的底线；民生上要求做好“三农”、扶贫等底线工作；外交上坚持走和平发展道路，但决不能放弃我们的正当权益，决不能牺牲国家核心利益；安全上要求用好军事保底手段；等等。在牢牢守底中稳稳托底，最终实现“守乎其低而得乎其高”的效果。

把新时代中国特色社会主义建设好，是一项长期而艰巨的历史任务。事业越前进、越发展，新情况新问题就会越多，越是取得成绩的时候，越是要有如履薄冰，越是要有居安思危的忧患。要把底线思维贯穿工作始终，增强忧患意识，把困难和挑战估计得充分一些，把应对各种复杂局面、意外情况的预案做得周密一些，积极寻求规避系统性风险、化解复杂矛盾、谋求创新发展的路径和方法，千方百计“托底”“守底”“保底”，确保在风险可控范围内实现发展目标。

---

① 中共中央宣传部:《习近平新时代中国特色社会主义思想三十讲》，学习出版社 2018 年版，第 334 页。

# 坚持实事求是

实事求是作为党的思想路线，始终是马克思主义中国化理论成果的精髓和灵魂。习近平总书记指出："实事求是，是马克思主义的根本观点，是中国共产党人认识世界、改造世界的根本要求，是我们党的基本思想方法、工作方法、领导方法。"[①] 实践反复证明，坚持实事求是，就能兴党兴国；违背实事求是，就会误党误国。

实事求是的基础在于搞清楚"实事"。深入了解实际、掌握实情，真正掌握全面、真实、丰富、生动的第一手材料，真正掌握"实事"的客观实际情况，这是进行一切科学决策所必需的也是唯一可靠的前提和基础。

实事求是的关键在于"求是"。深入探求和掌握事物发展的规律，勇于实践、善于实践，在实践中积累经验、进行理论升华，再用以指导实践、推动实践，在实践中使认识得到检验、修正、丰富和发展，这是认识客观规律的根本途径。作决策、办事情、谋发展，都要认识规律、遵循规律。能否坚持实事求是，能否一切从实际出发，能否按客观规律办事，是决定工作有无主动

① 《习近平谈治国理政》，外文出版社 2014 年版，第 25 页。

权和得失成败的关键所在。

实事求是的根本在于贯彻党的群众路线。群众路线是我们党的根本工作路线，与实事求是的思想路线相辅相成、完全统一。一方面，实事求是是在实践基础上认识世界的过程，这一过程要通过“从群众中来”才能实现，只有及时发现、总结、概括人民创造的新鲜经验，才能获得正确反映客观规律的真理性认识，才能制定出符合客观规律的科学决策。另一方面，实事求是又是在实践基础上改造世界的过程，这一过程要通过“到群众中去”才能实现，来自群众的正确意见和真理性认识只有为群众所掌握，才能转化为改造世界的实际行动。要坚持一切从人民根本利益出发，深入群众听取意见，使各项决策和各方面工作既符合实际情况和客观规律，又符合人民意愿。只有这样，才能真正做到实事求是。

实事求是的核心在于不断解放思想。解放思想与实事求是是辩证统一的，要求思想认识符合客观实际，冲破落后的传统观念和主观偏见的束缚，改变因循守旧、不接受新事物的精神状态，与时俱进地把我们的事业和各项工作不断推向前进。客观实际是不断发展变化的，对客观事物及其规律的认识是不断深化的，实事求是永无止境，解放思想也永无止境。只有解放思想，才能真正做到实事求是；只有实事求是，才是真正解放思想。新时代新征程要求进一步解放思想，坚持真理、修正错误，勇于变革、勇于创新，永不僵化、永不停滞，在深入研究新情况、不断解决新问题的实践中增强本领、提高能力。

# 坚持战略定力

忧患意识是人类生存的重要智慧，居安思危是历史昭示的重要法则，战略定力是国家强盛的重要基石。改革开放初期，邓小平同志针对国际上的复杂情况，及时提出了冷静观察、稳住阵脚、沉着应付、韬光养晦、善于守拙、决不当头、有所作为等重大战略思想，为我国的改革开放赢得了战略主动。党的十八大以来，习近平总书记反复强调要重视战略问题、保持战略定力。他说，“战略问题是一个政党、一个国家的根本性问题”[①]，全党必须“增强忧患意识、做到居安思危，保持战略定力，坚定必胜信念，大胆开展工作，全面做好改革发展稳定各项工作，着力破解突出矛盾和问题，有效防范和化解各种风险”[②]。进行伟大斗争、建设伟大工程、推进伟大事业、实现伟大梦想，不仅要有“不到长城非好汉”的进取精神，更要有“乱云飞渡仍从容”的战略定力。战略上判断得准确、谋划得科学，就能赢得主动，党和人民事业就会大有希望，就会永远立于不败之地。缺乏足够战略定力，就容易在心理上患得患失、行动上犹豫不决、战略上摇摆不

---

① 《习近平谈治国理政》第 2 卷，外文出版社 2017 年版，第 10 页。

② 习近平:《在党的十九届一中全会上的讲话》,《求是》2018 年第 1 期。

定，就容易随波逐流、进退失据，乃至丧失行动能力，错失发展机遇。

坚持战略定力，要一以贯之坚持和发展中国特色社会主义。习近平总书记反复强调，“我们的改革开放是有方向、有立场、有原则的”[①]，“在涉及中国特色社会主义道路、理论、制度等重大原则问题上必须立场坚定、态度坚决”[②]，“在政治制度模式上，我们就是要咬定青山不放松、任尔东西南北风”[③]。改革开放以来，我们党每当遇到严峻挑战，党中央总是能够沉着冷静、把握得当、因应适宜，总是能够成功扭转危局、化危为机、开创新局，根本原因在于我们党始终保持强大的战略定力，坚持独立自主，既不走封闭僵化的老路，也不走改旗易帜的邪路，而是坚定不移走中国特色社会主义道路。

坚持战略定力，要在制定政策时冷静观察、谨慎从事、谋定后动。大国治理强调政策的稳定性、延续性，切不可朝令夕改。习近平总书记多次强调：“中国是一个大国，决不能在根本性问题上出现颠覆性错误，一旦出现就无法挽回、无法弥补。”[④]当前，随着我国改革不断全面向纵深推进，各种思想文化相互激荡，各种矛盾相互交织，各种诉求相互碰撞，各种力量竞相发声，推进改革的敏感程度、复杂程度前所未有。在这种情况下，确保改革沿着正确方向前进，需要无比强大的战略定力。必须始终保持清

① 中共中央文献研究室：《习近平关于全面深化改革论述摘编》，中央文献出版社2014年版，第14页。

② 习近平：《做焦裕禄式的县委书记》，中央文献出版社2015年版，第5页。

③ 中共中央文献研究室：《习近平关于社会主义政治建设论述摘编》，中央文献出版社2017年版，第8页。

④ 习近平：《在全国党校工作会议上的讲话》，《求是》2016年第9期。

醒头脑，不为各种错误观点所左右，不为各种干扰所迷惑，坚持一切从实际出发，该改的坚决改，不该改的坚决守住，牢牢把握改革的领导权和主动权。

坚持战略定力，要在复杂多变的国际局势中平心静气、静观其变。习近平总书记指出：“不论国际形势如何变化，我们要保持战略定力、战略自信、战略耐心，坚持以全球思维谋篇布局。”①要集中精力做好自己的事，坚定不移走和平发展道路，推动构建新型国际关系，推动构建人类命运共同体。在这个问题上，要有足够的战略定力和战略自信，不要因一时一事或某些人、某些国家的言论而受到影响，更不能掉入别人故意设置的各种陷阱，使我们长期致力维护的和平环境受到破坏，耽误和平发展大局。善于审时度势、内外兼顾、趋利避害，从国际形势和国际条件的发展变化中把握方向、用好机遇、创造条件、驾驭全局，始终保持“闻雷霆而不惊，涉风波而不疑”的静气和定力。

坚持战略定力，要坚持稳中求进的工作总基调。有定力并不意味着一成不变，而是要把握好变和不变的关系。稳中求进的工作总基调是治国理政的重要原则，“稳”是进的基础，“进”是稳的目标，两者互为条件、辩证统一。推进各项工作，都要审时度势、深思熟虑、尊重规律，该稳的要稳住，该进的要进取，把握好工作的节奏和力度。

---

① 《习近平谈治国理政》第 2 卷，外文出版社 2017 年版，第 382 页。

# 坚持使命引领

习近平总书记指出："要坚持使命引领和问题导向相统一，既要立足当前、直面问题，在解决人民群众最不满意的问题上下功夫；又要着眼未来、登高望远，在加强统筹谋划、强化顶层设计上着力。"[①] 中国共产党是使命型的马克思主义政党，始终把为人民谋幸福，为民族谋复兴，为世界谋大同作为自己的庄严承诺和神圣使命；世界上没有哪一个政党像中国共产党那样具有如此强烈的使命意识、使命追求和使命担当。使命承载梦想，实干成就辉煌。使命在身，自然就会责任在心，自然就有肩上的担当和脚下的行动。改革开放 40 年，我们党始终坚持使命引领，精准把握工作的力度、节奏、重心和策略，取得了改革开放的一个又一个伟大成就。党的十八大以来，以习近平同志为核心的党中央，坚持以实现中华民族伟大复兴中国梦这一神圣使命作为汇聚人民对美好生活向往的最大公约数，以统筹推进"五位一体"总体布局，协调推进"四个全面"战略布局为总方略、总航标、总抓手，引导广大党员、干部履职尽责、担当作为，团结带领广大人

① 《习近平在十九届中央纪委二次全会上发表重要讲话强调，全面贯彻落实党的十九大精神，以永远在路上的执着把从严治党引向深入》，《人民日报》2018 年 1 月 12 日。

民群众励精图治、共同奋斗，党和国家事业取得全方位、开创性的伟大成就，党和国家面貌发生深层次、根本性的深刻变革，推动中国特色社会主义进入新时代。

使命引领方向，使命激励担当。继续推进新时代中国特色社会主义事业，必须更加自觉地增强“四个意识”，坚定“四个自信”，做到“四个服从”，坚决维护以习近平同志为核心的党中央权威和集中统一领导，更好地肩负起新时代的历史使命，最大限度把全社会全民族的积极性、主动性、创造性调动起来、发挥出来，共同为决胜全面建成小康社会、夺取新时代中国特色社会主义新胜利而奋斗。

## 坚持问题导向

毛泽东同志曾经指出：“什么叫问题？问题就是事物的矛盾。哪里有没有解决的矛盾，哪里就有问题。”① 人类认识世界、改造世界的过程，说到底就是发现问题、解决问题的过程；改革开放本身就是对着问题而改、对着问题而放。正如习近平总书记所说：“我们中国共产党人干革命、搞建设、抓改革，从来都是为了解决中国的现实问题。”②问题是时代的“标签”，每个时代总有属

① 《毛泽东选集》第3卷，人民出版社1991年版，第839页。

② 习近平：《关于〈中共中央关于全面深化改革若干重大问题的决定〉的说明》，《人民日报》2013年11月16日。

于它自己的问题；坚持问题导向是我们党领导改革开放的重要方法论，也是马克思主义的鲜明特点。

坚持问题导向，要敢于正视问题、善于发现问题。习近平总书记指出："增强问题意识、坚持问题导向，就是承认矛盾的普遍性、客观性，就是要善于把认识和化解矛盾作为打开工作局面的突破口。"① 问题无处不在、无时不有，关键在敢不敢于正视问题，善不善于发现问题。面对纷繁复杂的国内外形势，要学会在国际国内相互联系中发现问题，形成既符合世界发展潮流又符合我国发展阶段性特征的发展战略；在改革发展实践中发现问题，结合各地区各部门实际，创造性地贯彻落实中央决策部署；在总结经验教训中发现问题，深入思考并及时发现事业进程中的新情况、新苗头，由此全面把握矛盾，掌握解决问题的主动。

坚持问题导向，要科学分析问题、深入研究问题。发现问题是前提，能不能正确分析问题更见功力。习近平总书记强调："要学习掌握事物矛盾运动的基本原理，不断强化问题意识，积极面对和化解前进中遇到的矛盾。"② 坚持用辩证唯物主义和历史唯物主义方法，善于具体问题具体分析，弄清楚哪些是体制机制弊端造成的问题，哪些是工作责任不落实造成的问题，哪些是条件不具备一时难以解决的问题；善于透过现象看本质，从繁杂问题中

---

① 《习近平在中共中央政治局第二十次集体学习时强调，坚持运用辩证唯物主义世界观方法论提高解决我国改革发展基本问题本领》，《人民日报》2015 年 1 月 25 日。

② 《习近平在中共中央政治局第二十次集体学习时强调，坚持运用辩证唯物主义世界观方法论提高解决我国改革发展基本问题本领》，《人民日报》2015 年 1 月 25 日。

把握事物的规律性，从苗头问题中发现事物的倾向性，从偶然问题中揭示事物的必然性；善于抓主要矛盾和矛盾的主要方面，注重抓事关全局、事关长远发展、事关人民福祉的紧要问题，进而明确有效破解问题的主攻方向，带动全局工作，推进事业全面发展。

坚持问题导向，要敢于触及矛盾、长于解决问题。增强问题意识，既要见思想，更要见行动，需要党员干部以解决问题为工作导向，瞄着问题去，追着问题走，把化解矛盾、破解难题作为履职尽责的第一要务。对照形势发展的新要求，抓紧解决本地区本部门本单位长远发展的重大问题；对照人民群众的新期待，抓紧解决工作中存在的损害人民群众利益的突出问题；对照党章的标准和要求，从习以为常的现象中发现思想作风方面存在的倾向性、苗头性、潜在性问题，防患于未然。

# 坚持全面协调

全面协调是经济社会发展的根本方法，反映了唯物辩证法的根本要求。唯物辩证法揭示了物质世界普遍联系和永恒发展的特性，要求人们在认识世界和改造世界过程中，充分运用辩证方法观察和处理问题，正确分析矛盾，在对立中把握统一、在统一中把握对立，善于处理局部和全局、当前和长远、重点和非重点的关系，统筹把握、协调推进，实现最为有利的战略部署。当前，我国社会各种利益关系十分复杂，要坚持全面协调的思想方法和工作方法，发展地而不是静止地、全面地而不是片面地、系统地而不是零散地、普遍联系地而不是单一孤立地观察事物，准确把握客观实际，真正掌握规律，妥善处理好新时代坚持和发展中国特色社会主义的各种重大关系。

坚持全面协调，要做到两点论与重点论的统一。习近平总书记指出："在任何工作中，我们既要讲两点论，又要讲重点论。没有主次，不加区别，眉毛胡子一把抓，是做不好工作的。"[①] 推进中国特色社会主义总体布局和战略布局，既要注重总体谋划，又要注重牵住"牛鼻子"。比如，在协调推进"四个全面"战略布

① 《习近平谈治国理政》第 2 卷，外文出版社 2017 年版，第 23 页。

局中，既对全面建成小康社会作出全面部署，又强调“小康不小康，关键看老乡”；既对全面深化改革作出顶层设计，又强调突出抓好重要领域和关键环节的改革；既对全面依法治国作出系统部署，又强调以建设中国特色社会主义法治体系、建设社会主义法治国家为总目标和总抓手；既对全面从严治党提出系列要求，又把党风廉政建设作为突破口，着力解决人民群众反映强烈的“四风”问题，着力解决不敢腐、不能腐、不想腐的问题。

坚持全面协调，要讲究“十个指头弹钢琴”的艺术。习近平总书记深刻指出：“必须在把情况搞清楚的基础上，统筹兼顾、综合平衡，突出重点、带动全局，有的时候要抓大放小、以大兼小，有的时候又要以小带大、小中见大，形象地说，就是要十个指头弹钢琴。”[①] 坚持科学统筹，统筹党和国家事业全局，统筹国内国际两个大局，统筹发展和安全两件大事，把经济建设、政治建设、文化建设、社会建设、生态文明建设及其各个环节统筹好、协调好，通盘考虑各方面情况和进展，兼顾推进的速度、力度和进度，把握平衡、综合施策，以达到更好效果。

坚持全面协调，要牢固树立大局意识、全局观念。习近平总书记强调，领导干部要善于观大势、谋大事，自觉在大局下想问题、做工作。新时代中国特色社会主义是全面发展、全面进步的事业，只有站在时代前沿和战略全局的高度观察、思考和处理问题，从政治上认识和判断形势，透过纷繁复杂的表面现象把握事物的本质和发展的内在规律，才能在解决突出问题中实现战略突破，在把握战略全局中推进各项工作。把握全局与服从大局是内

---

① 《习近平谈治国理政》，外文出版社 2014 年版，第 102 页。

在统一的，要摆正本地区本部门本单位工作在全局中的位置，自觉在大局下行动，不折不扣贯彻落实中央重大决策部署，紧密结合自身实际创造性执行，做到既为一域增光，更为全局添彩。

## 坚持真抓实干

马克思有句名言：“一步实际运动比一打纲领更重要。”[①]反对空谈，真抓实干，始终是中国共产党的优良传统。推动改革开放，既需要摸着石头过河的探索精神，更需要撸起袖子苦干的务实作风。习近平总书记反复强调，空谈误国，实干兴邦。要以踏石留印、抓铁有痕的劲头，切实干出成效来，做到言必信、行必果。要在全社会大力弘扬真抓实干、埋头苦干的良好风尚，特别是各级领导干部要带头发扬实干精神，出实策、鼓实劲、办实事，不图虚名，不务虚功，以身作则带领群众把各项工作扎扎实实做好。

发扬钉钉子精神。习近平总书记反复讲，钉钉子往往不是一锤子就能钉好的，而是要一锤一锤接着敲，直到把钉子钉实钉牢。钉牢一颗再钉下一颗，不断钉下去，必然大有成效。如果东一榔头西一棒子，结果很可能是一颗钉子都钉不上、钉不牢。做工作、干事业也是这样，要以钉钉子的精神真抓实干，不折腾、

① 《马克思恩格斯选集》第3卷，人民出版社2012年版，第355页。

不反复，切实把工作落到实处，做出经得起实践、人民、历史检验的实绩。

一张蓝图绘到底。习近平总书记指出："我们要牢记一个道理，政贵有恒。为官一方，为政一时，当然要大胆开展工作、锐意进取，同时也要保持工作的稳定性和连续性。"[①]一张好的蓝图，只要是科学的、切合实际的、符合人民愿望的，就要一茬接着一茬干，一棒接着一棒跑，干出来的都是实绩。领导干部要有"功成不必在我"的思想境界，牢固树立正确政绩观，既要做让人民群众看得见、摸得着、得实惠的实事，也要做为后人作铺垫、打基础、立长远的好事，既要做显绩，也要做潜绩，不搞劳民伤财的"败绩"，真正做到对历史和人民负责。

以实干求实效。习近平总书记强调："要抓实、再抓实，不抓实，再好的蓝图只能是一纸空文，再近的目标只能是镜花水月。"[②]干事业不是做样子，不是做表面文章。很多时候，有没有新面貌，有没有新气象，并不在于制定一打一打的新规划，喊出一个一个的新口号，而在于结合新的实际，用新的思路、新的举措，以一抓到底的狠劲、一以贯之的韧劲、一鼓作气的拼劲，苦干实干拼命干，不获全胜不收兵。决不能搞一阵风，不能满足于"事过留痕"。

---

① 《习近平谈治国理政》，外文出版社 2014 年版，第 399 页。

② 中共中央文献研究室：《习近平关于全面深化改革论述摘编》，中央文献出版社 2014 年版，第 151 页。

# 坚持历史担当

习近平新时代中国特色社会主义思想的一个鲜明理论品格，就是思接千载、视通万里，坚持把历史、现实、未来贯通起来，对重大问题、战略问题作出深刻的历史比较和分析，体现出强烈的历史担当精神。比如，习近平总书记紧密联系5000多年中华文明史来思考中华民族的前途命运，联系500年世界社会主义发展史来认识社会主义运动的前进方向，联系中国近代以来170多年奋斗史来阐明中国的复兴道路，联系建党90多年、新中国成立近70年、改革开放40年的革命建设改革历程来把握党的历史方位和历史使命，联系“两个一百年”奋斗目标来展望我们党的光明前景，充分反映了习近平总书记立足历史大视野、发展大趋势思考和分析问题的历史意识，充分体现了习近平总书记对党、对国家、对民族、对人民的责任担当。

坚持历史担当，必须先之劳之、率先垂范。习近平总书记曾说过：“我的执政理念，概括起来说就是：为人民服务，担当起该担当的责任。”[①] 党的十八大以来，习近平总书记以胸怀天下、勠力复兴的历史担当，带领全党全国各族人民战胜一系列风险挑

① 《习近平谈治国理政》，外文出版社2014年版，第101页。

战，推动党和国家事业发生历史性变革、取得历史性成就，给广大干部群众以巨大鼓舞和感召，也赢得了世界高度赞誉。进入新时代，前进路上还有许多矛盾问题需要解决，还有许多风险挑战需要面对。这是最需要担当的时候，也是最考验担当的时候。只有深入把握习近平新时代中国特色社会主义思想贯穿始终的历史担当精神，始终把责任使命扛在肩上，担国家民族之大任，当新时代新征程之先锋，才能创造出经得起实践、人民、历史检验的新业绩，不断把新时代中国特色社会主义推向前进。

坚持历史担当，必须提高历史思维能力。历史思维能力，就是以史为鉴、知古鉴今，善于运用历史眼光认识发展规律、把握前进方向、指导现实工作的能力。加强对中国历史、党史国史、社会主义发展史和世界历史的学习，深刻总结历史经验、把握历史规律、认清历史趋势，在对历史的深入思考中做好现实工作、更好走向未来。

坚持历史担当，必须增强责任意识、使命意识、进取意识。有职就有责，有责就要担当。要用铁的肩膀负起该负的责任，做好该做的事情，切实把推动改革发展稳定的责任担起来，把从严管党治党的责任担起来，把本职工作责任担起来，做到守土有责、守土负责、守土尽责。党的干部特别是领导干部，在大是大非问题上要敢于亮剑，敢于站出来说话，敢于亮明立场、表明态度，做战士而不做绅士，决不搞“爱惜羽毛”那一套。综合运用思想教育、管理监督和激励保障等措施，引导党员干部认识到为党分忧、为民尽责是天职，不担当、不作为与合格党员标准格格不入，从而不断激发干事创业的内生动力，推动形成想作为、敢作为、善作为的良好风尚。